高中历史
教学设计的应用

汤磊　王红花　刘海◎主编

北方文艺出版社

哈尔滨

图书在版编目(CIP)数据

高中历史教学设计的应用 / 汤磊, 王红花, 刘海主
编. -- 哈尔滨：北方文艺出版社, 2023.3
ISBN 978-7-5317-5835-8

Ⅰ.①高… Ⅱ.①汤… ②王… ③刘… Ⅲ.①中学历
史课 – 教学设计 – 高中 Ⅳ.①G633.512

中国版本图书馆CIP数据核字(2023)第028639号

高中历史教学设计的应用
GAOZHONG LISHI JIAOXUE SHEJI DE YINGYONG

作　者 / 汤　磊　王红花　刘　海
责任编辑 / 滕　蕾　　　　　　　封面设计 / 左图右书

出版发行 / 北方文艺出版社　　　　邮　编 / 150008
发行电话 / (0451)86825533　　　　经　销 / 新华书店
地　址 / 哈尔滨市南岗区宣庆小区1号楼　网　址 / www.bfwy.com
印　刷 / 廊坊市海涛印刷有限公司　　开　本 / 787mm×1092mm　1/16
字　数 / 132千　　　　　　　　　　印　张 / 9.75
版　次 / 2023年3月第1版　　　　　印　次 / 2023年3月第1次印刷
书　号 / ISBN 978-7-5317-5835-8　　定　价 / 57.00元

前 言

　　历史教学在学校教学与国民教育中均具有重要的地位和作用，博古通今，有助于个人增长知识和智慧，更有助于个人正确价值观与世界观的建立。当前新时期，要建立文化自信、培养和提高作为社会与民族未来接班人的学生群体的历史意识与强国责任，就必须重视历史教学。

　　在高中学校教育中，历史是一门非常重要的学科。进行科学历史教学设计，优化历史教学效果对高中生的考试与升学具有显著增效作用，有助于高中生历史意识和思维的养成，更有助于帮助高中生认清历史事实、建立家国情怀，树立科学的社会观与价值观。基于此，特编写《高中历史教学设计的应用》一书，旨在为现代高中历史教学的科学开展与高效优质提供理论指导与实践参考，以不断完善高中历史教学，培养优秀的国家与社会接班人。

　　全书从教学设计角度结合历史教学特点进行了教学研究，为历史教学实际应用优化提供了理论与实践指导，前面系统阐述了高中历史教学设计的现状分析，后面分别介绍高中历史教学立意设计、高中历史课堂教学目标设计、高中历史教学的学情分析设计、高中历史教学的重难点设计、高中历史教学流程与环节的设计、高中历史教学方法与策略的设计以及高中历史教学评价的设计。全书的编排都是按照课程教学的各个环境的顺序进行，每介绍一个环节的设计都是先从概念出发，然后到相应的应用方法，最后举出实际应用的案例。

　　本书是一本有关高中历史教学方法的书，在编写过程中突出了科学严谨、亮点突出、指导性强、时代性强的特点。历史教学基于历史史实实施人文教育，因此教学要与社会和时代发展相结合。力求做到提高学生的历史核心素养以及教师的专业素养，对督促和启发历史教师不断学习，不断自我提升，与时俱进提供了一定的启发与指导。教师作为影响历史教学效果的一个重要因素，教师素质的优化与提升，有助于从根本上完善当前我国高中历史教学。

目　录

第一章 高中历史教学设计现状的调查分析

第一节 高中历史教学设计的现状调查

一、调查研究的对象及方法

为了全面了解高中历史教学设计的现状及其存在的问题,根据国家关于中部、西部、东部的地域划分,本次调查以山西、湖南、广东、广西等地的部分教师以及部分学校的高一、高二学生为研究对象,采用问卷调查和访谈法相结合的方式进行调查,其中收回教师调查问卷208份,有效问卷202份、无效问卷6份;共收回学生调查问卷230份,有效问卷228份、无效问卷2份。访谈的教师和学生各15名。

二、基于教师对教学设计运用现状的调查

教学设计是教师教学中重要的一部分,其能够展现出教师的教学理念,所以要了解当前高中历史教学设计的现状,必须了解教师在实践工作中是如何进行教学设计的。为了了解教师教学设计的现状,笔者分别对部分中学教师进行了问卷调查和调查访谈。

(一)对教师的调查问卷分析

本次调查问卷一共设置了18个问题,其中既有单选题也有多选题,主要从教师对《普通高中历史课程标准》的掌握程度、高中历史教师教学设计的现状以及新课标的实施这三个方面来考虑。下面是对高中历史教师教学设计的现状调查情况的分析。

您了解2017年颁布的《普通高中历史课程标准》吗?

本题旨在了解高中历史教师对新课标内容的了解掌握程度,这是新课标颁布后,历史教学工作对每位高中历史教师提出的基本要求。调查结果显示,只有8.91%的教师表示非常了解,可以熟练运用;30.69%的教师表示

了解,掌握不深;60.40%的教师表示一般了解,大概知晓。这个结果说明由于新课标颁布时间还不长,教师对于新课标还不能熟练掌握,还需要相关部门加强对教师的培训。

在进行教学目标设计之前,您会检测学生学习本课的已有基础,从而针对不同水平的班级制定不同的教学目标吗?

本题旨在了解教师在进行教学目标设计时,是否会研究学生已有的基础,调查结果显示:大多数教师在教学目标设计之前,很少检测学生学习本课的基础,从而针对不同的学情制定不同的教学目标。只有14.8%的教师会经常研究学生的现有水平,而57.92%的教师很少会在教学设计前研究学生的现有水平。这说明教师在制定教学目标前对学情的研究不够。

您会用"理解""知道""感受"等动词来描述教学目标吗?

您会用"使学生掌握"的形式描述教学目标吗?

第三题和第四题旨在了解教师对教学目标的表达方式,调查结果显示:大多数教师会用"理解""知道""感受""使学生掌握"等词语来描述教学目标。这说明教师在制定教学目标时,制定教学目标所用动词含糊不清,没有可检测性。教学目标的行为主体是教师,整个教学目标是对教师的要求。这是不符合新课改对教学目标表述的要求的。

您会照搬《历史教师教学用书》中或者网上教案提供的教学目标吗?

本题旨在了解教师在教学设计中是否把教学目标设计当成任务去完成,甚至虚设教学目标。调查结果显示46.04%的教师在设计时经常不展开学情分析,只是对别人的教学目标予以借鉴,只有1.49%的教师从不照搬照抄别人的教学目标。这一情况不容乐观,笔者猜测这与教师认为自己教学经验丰富、教学任务繁重有关系。

在教学内容设计时,您会补充大量课本之外的内容吗?

您在处理教材时,会对教科书的顺序、结构展开相应增减和调整,以此来实现教学内容有深度的重新整合吗?

这两项调查旨在了解教师对教材内容的处理。从调查结果来看很多教师都会对教材内容进行删减、调整,以实现教学内容的整合优化,这说明大多数教师都明白教材内容并非教学内容,教师要根据课程标准、教学目标优化教学内容。但在实际操作中教师是否会精选教学内容呢?下一个问题给了我们答案。

您会将网络课件简单修改后用于教学吗?

本题旨在从侧面了解教师在教学设计中是否会根据教学目标、学情精选教学内容,本题与第7题形成互补关系,结果显示22.77%的教师经常下载网上的课件用于自己的教学,64.85%的教师有时下载网上的课件用于自己的教学,只有2.97%的教师从不下载网上的课件用于自己的教学。这表明大多数教师对教学内容的选择优化是照搬别人的课件,而非在分析学情、分析教学目标的基础上进行,这样的教学内容设计是脱离学生实际的。

在教学中,您常用的教学方法是什么?

通过调查结果可以看出在教学中,73.76%的教师在教学中依然是以讲授法为主,采用合作学习教学法、探究教学法的比例仅为11.88%和8.42%。讲授法有利于发挥教师自身的主导作用,提高教学的效果和效率,但是不利于学生独立性、主动性、创造性思维的培养。教师应该在讲授的基础上增加探究教学、合作学习教学、自主学习教学等有利于发挥学生主体地位的教学方法。

您进行探究课的频率是?

在探究课中,会引导学生形成自己想要的答案。

您设计学生活动的目的是落实知识点、落实教材。

上述三题是为了了解教师设计探究教学课的情况。从调查结果可以看出大多数教师很少设计探究课,并且大多数教师在进行探究课的教学中会引导学生形成自己想要的答案,设计学生活动的目的是落实知识点、落实教材。这样的教学不符合探究课的要求,也无法培养学生发现问题、解决问题的能力。

在教学中,您经常采用哪一种问答模式?

本题是为了从侧面了解在问题教学设计中,教师对于解决问题环节的设计。从调查结果可以看出67.33%的教师选择教师提问,学生回答的问答模式;21.78%的教师选择教师提问、师生共同探究的问答模式;只有6.93%的教师选择教师提问,学生自主学习,自主探讨的问答模式。由此可知教师在问题教学中,依然采取一问一答的教学模式,很少设计深层次的问题让师生共同探讨解决,这不利于学生历史解释素养的培养。

您在教学评价时,经常采用的评价方法是?

在教学评价中,您是否让学生互评和自评?

在教学评价中,您有形成性评价的记录吗?

这三项调查是为了了解教师在教学中,如何进行教学评价。以上三项数据表明教师在教学评价中仍以课堂测试、课堂作业、考试等传统评价方式为主。评价的主体以教师为主,采用以学生为主体的自评和互评的非常少。在诸多教学评价方式中,对形成性评价不够重视,对学生日常学习过程中的表现鲜有记录。这为教师的教学设计工作做出了警示,教师在教学评价时需要在评价主体、评价内容、评价类型等方面做出变革。

您对新课标提出的教学实施建议可以熟练运用吗?

您对核心素养落地的看法?

这两项调查是为了了解教师对新课标落地的看法,我们可以看出多数教师对新课标提出的教学实施建议以及核心素养的实施处于探索阶段,这也表明需要更多的专家、学者、一线教师就历史学科核心素养在教学中的落地进行探索。

(二)对教师的个别访谈的调查分析

为了更好地了解目前一线历史教师展开教学设计的现状,笔者在发放调查问卷的同时,也对其中的15名历史教师进行了访谈,访谈的对象主要有山西、广东等地的教师。这些教师层次各有不同,有的已经从教20多年,有的工作了几年时间,有的是刚走上工作岗位的硕士毕业生。他们都描述了自己进行教学设计的过程,笔者就访谈所得到的信息进行了归纳,主要包括以下两个方面。

1.对于新课改的看法

受采访的15名教师表示他们对新课改提出的历史课程应该有效培养学生的历史学科核心素养存在三个方面的困惑,一是在教学中扎实落实核心素养与提高课堂效率不能兼顾,二是教师无法真正区分核心素养视域下的历史教学与以前未提出历史核心素养时的区别。三是对历史学科核心素养某一方面的培养感到困扰,如在史料实证、家国情怀培养方面存在困难。

对于新课标提出的教学建议,大多数教师表示不能熟练运用于课堂教学,主要原因是课堂时间紧、任务重、有教学压力以及对课标提供的教学建议了解不深,不能在课堂中运用。还有一部分教师有其他原因,如黄老师表示他的困难是"学校硬件设施不配套,不能展开相应的教学"。

2.学科核心素养目标视域下教师进行教学设计的流程

第一,对于教学目标的确定,访谈中大多数教师都明确表示会考虑课程标准,核心素养和学生具体情况。还有教师会对教参、教科书等进行参考从而展开教学设计,也有一部分教师会对教参上的教案直接借鉴,照搬照抄。

第二,关于教学内容的确定,教师们表示要大胆取舍教材内容,突出重难点。李老师如是说"教学设计中需要做到有所取舍,有时还需要对教材内容进行重新整合,这样教学过程中才能完成教学任务,但是如果要对教学内容进行重新整合,比较耗费时间,很少去真正落实"。

第三,教学方法的选用方面:教师们表示他们多以讲授法为主。有时会进行问答式,互动探究、小组合作教学。由于教学任务重,为了完成教学进度,探究法、小组合作教学法运用较少。

第四,对于基于问题解决的教学模式,这一问题回答各异,但是无外乎两个方面:一是边问边答,老师问学生答。教师提供材料,让学生根据材料回答,会引导学生形成统一答案。二是设计问题,采用问题式教学,各问题环环相扣,层层递进。对于开放的问题,要引导学生各抒己见。对此,张老师有不同的回答:"对于教学问题以学案的形式让学生提前预习,能解决的学生自己解决,解决不了的课上或自习时间解决。一般问题还是要有个统一的结论,这样便于学生掌握。"笔者认可第二种观点,因为基于问题解决的教学主要是为了强化学生的问题意识,要求学生能够发现问题并解决问题。而不是单纯为了落实教材观点或者引导学生理清教材脉络。

第五,关于基于史料研习的探究活动,大多数教师表示没有开展过基于史料研习的探究活动,主要原因是自己的史料素养欠缺,对于史料研习的探究活动不熟悉,不能熟练运用。有的教师表示对于史料研习有做过,但是次数很少,因为课时量不够。

第六,在学生学业评价方面,有的教师表示还是以课后评价为主,主要是以考试、作业成绩来评价。有一部教师表示会注重形成性评价,如王老提到"我在进行学生学业评价时会分为课堂评价、课后评价、学生自评、学生互评,最后综合各方面成绩来对学生学业进行评价"。

三、基于学生学习主体的教学设计调查

学生在教学中居于主体地位,教师进行教学设计的目的是服务学生的学习。为了更好地了解学生对当前教师教学设计的真实想法,以及学生对于历史教学设计的建议,笔者分别对山西、广西、广东等地的部分学生进行了问卷调查和调查访谈。[①]

(一)对学生的调查问卷分析

本次调查问卷一共设置了10个问题,所有问题都是单选题,主要从高中历史教师教学设计的现状、学生对教师教学的体验、新课标的实施这三个方面来考虑。下面是对学生的调查问卷的分析。

在讲授新课之前,教师会检测你们原有的知识或技能基础吗?

访谈结果表明,在讲授新课之前,只有28.04%的教师会检测学生原有的知识或技能基础,37.38%的教师很少检测,2.08%的教师从不检测,这说明大多数教师在教学设计前没有充分了解学情,并且根据学生的实际情况进行教学设计,教学目标存在虚设的情况。

在教学中,历史教师完全依照教材目录顺序进行教学吗?

在历史教学中,教师会进行主题教学吗?如以"近代化""古代农民起义"为主题进行教学?

上述两题是为了了解教师对教学内容的设计,如上图所示,经过对学生的调查,可知94.39%教师在教学中完全是按照教材目录顺序进行教学,只有5.61%的教师不是完全按照教材目录顺序进行教学。只有13.51%的教师会经常进行主题教学,67.57%的教师很少进行主题教学,5.41%的教师从不进行主题教学。由此可知,绝大多数教师没有对教学内容进行基于主题的优化整合,大多是按照教材的顺序进行教学。

学习完新课后,你能理清本节课的关键问题或核心概念吗?

访谈结果表明,学习完新课后,只有19.57%的学生能经常理清楚本节课的关键问题或核心概念,8.70%的学生不能理清楚,65.22%的学生很少能理清,6.52%的学生从未理清楚。这说明大多数教师在教学设计中,并没有从关键问题或核心概念方面对教学内容进行精心组织,为学生储备可迁移的知识或上位概念。

---

①郑志平. 近年来高中历史教学现状的调查研究[D]. 开封:河南大学,2012.

历史教师在教学中一般采用什么样的互动形式?

经过对学生的调查可知,87.63%的教师在教学中采取教师问、学生答的互动形式,7.22%的教师在教学中只是教师讲授,没有任何互动,只有3.09的教师采取自主探究,2.06%的教师采取小组合作的互动形式。这说明教师在教学中多以讲授为主,教师主导课堂。对于问题的解决,多采取教师问,学生回答的方式。教学都是根据事先设计好的思路来展开,并没有重视学生提出问题和解决问题能力的培养。

你认为当前历史课堂是否能发挥你的主动性和创造性?

调查表明,47.73%的学生认为当前历史课堂能发挥自己的主动性和创造性,52.27%的学生认为不能发挥自己的主动性和创造性。这说明当前的历史教学仍存在诸多弊端,在激发学生兴趣,调动学生参与课堂方面仍有待改进。

目前的教学评价中,考试、分数是主要的评价方式吗?

你平时的表现会被计入期末成绩吗?

上述两题是为了了解当前一线教学中的教学评价。通过对学生的调查可知,考试、分数依旧是主要的评价方式。很少有教师关注过程性评价,学生平时的表现大多不会被计入期末成绩。由此可见当前的教学评价依旧是唯分数论、唯成绩论,这样的评价标准不能适应课改的要求。

你了解历史学科核心素养吗?

你认为在教学中,你的学科核心素养能得到培养提高吗?

上述两题是为了了解历史学科核心素养的落地情况,调查表明,有28.87%的学生没听说过历史核心素养,54.46%的学生认为在教学中,学科核心素养很少得到培养提高,3.96%的学生认为学科核心素养得不到培养提高。历史新课标已经成了各地历史教学的纲领性文件,但是仍有28.87%的学生没听说过历史核心素养,大多数学生认为核心素养培养的效果不明显,这说明核心素养在中学一线教学中仍需要得到强化,教师需要在教学设计中就如何培养学生核心素养进行进一步的思考探讨。

(二)对学生的个别访谈的调查分析

笔者采访了山西、广西等地区几所中学的部分学生,笔者对访谈的结果进行归纳分析,主要包括以下几个方面。

1.对于高中历史学习的看法

对于高中历史学习,大多数学生认为高中历史比较难,主要原因是学习内容较多,不仅包括教材内容,还有很多课外扩展知识,如时间,历史事件有很多,这么多知识难以识记。还有一部分学生认为高中历史学习难的原因是历史学习碎片化,难以形成系统。历史学习只是背诵下来还不能应付考试,还必须灵活运用。

大部分学生认为高中历史枯燥无味,因为教师在上课时围绕知识点进行讲授,导致失去了历史的趣味性,而且要识记的知识点太多,难以背诵。

2.教师对教材内容的处理现状以及学生的看法

有很多学生表示教师在课堂教学时不会打乱教材内容,从而设计新的主题对教学内容进行重新整合。大部分学生表示喜欢教师打乱教材内容,设计新的主题对教学内容进行重新整合,因为这样有助于了解教学内容的线索,有利于更好的学习记忆,激发学习兴趣,提高学习效率。有的学生有不同的观点,有一位学生谈及"因为有时是两课内容结合进行教学,内容打乱,会让我学习混乱"。

3.教师对教学方法的选用以及学生的看法

大多数学生表示在课堂教学时教师以讲授法为主,有两位同学表示他们的教师有时会采用谈话法、情境教学法、探究教学法等教学方法。有很多学生喜欢问题教学法,因为有趣好玩,并且能更好地解决问题,有助于知识、技能的掌握。有一位学生喜欢谈话法,因为通俗易懂。还有一位同学喜欢讲授法,因为效率高,有利于重难点的掌握。

教师在进行基于问题解决的教学时,大部分学生表示他们一般不主动作答,不敢与老师对视,希望老师不要点自己的名字,原因是知识点掌握不扎实,不知道问题的答案。有的同学表示要具体情况具体对待,会的就回答,不会的就听其他同学的答案再认真解析自己的答案。对于历史事件或者历史人物的评价,大多数学生表示他们会接受教材观点,不会发表与教材结论相悖的看法。

对于以史料实证为主的探究教学,大部分学生表示教师有进行过以史料实证为主的探究教学,但是自己不太感兴趣,因为文史类知识素养不高,导致理解困难,缺乏兴趣。

由此可知,教师在教学中以讲授法为主,有教师会根据课改的要求,采用问题教学法、探究教学法等以学生为主体的教学方法,但是由于在教学中仍以知识点落实为主,教学问题设计较难,不能设计让学生感兴趣的、引发学生思考的问题,这些都导致教学效果不佳,教学目标不能真正达成。

4.教师对教学的评价以及学生的看法

大部分学生表示教师没有布置类似撰写小论文的开放型的作业,有三位学生表示教师有布置类似撰写小论文的开放型的作业。对于教学评价的主体,所有的学生都表示教学评价的主体是教师。家长、同学没有参与历史学业评价,并且教师只关心考试成绩,不关心学生平时的表现。

第二节　高中历史教学设计存在的问题的原因分析

一、高中历史教学现状探究

(一)以教师为主体的模式化教学程式

模式化教学程式,并非一概不可取用,关键要看这种模式是否具有进步性,是否科学合理。如果既科学又进步,取用当然就无可厚非,应该积极提倡使用。

然而,因为各种原因,包括认识上、传统上甚至是资源上的原因,致使传统的五步教学法,即教学预备、复习提问、新课授予、课堂巩固与作业布置在课堂中按部就班地继续着。在这一模式下,教师设置教学方向和内容,控制教学流程,学生完全处在被动学习状态。由此,课堂教学效率难以有效提高。

(二)跟进课程改革步伐的意识与行动亟待强化

在传统的历史教学方式的影响下,部分历史教师的课程改革意识相当薄弱,存在着旧的教学理念未及时更新,未意识到自身应该时刻作为新课改的引领者,以及新教材的操作舵手。

如今,新教材和新理念在许多地区已经全面推出并广为接受,可部分历史教师仍沿用传统教学法,并不时在课堂上为学生补充大量已被摒弃的知识点。由此,漫无目标的增补不仅让学生识记负担加重,而且在无形中引发了学生的厌学情绪。这些都说明部分历史教师对新课程不理解,缺乏主控课程资源和课程生成的宏观把握能力及相关技能。

(三)教学方式方法不灵活

教学方式方法不灵活,从形式上来说,一方面主要表现为课堂教学的照本式机械宣读。这种宣读完全可以由学生自己完成,教师只需提纲挈领,在重点上进行点化,在内容上进行归纳,在方向上进行导航,在逻辑上进行调度,在精神上进行升华。而简单地依本宣读,既是无意义的重复,又是呆板的盲从。另一方面,则是大搞题海战术、猜题押题,人为地加重学生负担。

从实质上来说,教学方式的不灵活,使学生主观能动性不由自主地受到抑制。同时,这也体现在教师自身的素质上,许多教师自身专业知识有限,其他相关学科知识匮乏,跨学科的整合与渗透能力不强,难以在教学中起到引领作用。凡此种种,使得教师教得又累又苦,学生穷于死记硬背。

(四)缺乏科学性利用多媒体教学的方式、方法

在条件允许的学校,多媒体教学历来是被提倡尽量使用的。它的特点是图文兼备、音像俱全、动静结合、互动性强,是增强教学效果的有效途径,也是科技发展在教学中的生动体现。

在现实中,除了懒惰造成的不肯动手、动脑筋之外,部分历史教师在思想上很不重视对现代教具的充分利用,甚至也不懂得多媒体教学的科学价值与时代意义。有的教师虽然会使用,但使用的方式、方法简单化,在运用多媒体教学过程中将其等同于对幻灯片的使用。因而,多媒体教学的应有功效,在有意或无意间人为地从技术与方法上被双重降低,其中的缺憾让人感慨。

二、当前高中历史教学设计存在问题的原因分析

(一)不少教师难以克服传统教案的弊端

1.一线历史教师负担重,疲于应付日常教学

最近几年,我国大多数教师都希望能够真真正正地获得减负,这也从侧面反映出教师负担重。教师的时间都去哪里了?中学历史教师一般要

承担14节甚至16节以上的教学任务,如此大的工作量已经让教师们疲惫不堪,教师还必须批改作业、批改卷子、辅导学生、参加各种会议以及教研活动、准备各种比赛,除此之外还要应付上级教育部门的各项检查评比,如果承担了班主任工作,几乎每天从早到晚都要陪着学生。教师也有家庭、也需要生活,他们仅有的一点休息时间还必须照顾家庭、照顾孩子。工作、家庭让教师们身心俱疲,因此也导致多数教师没有多余的精力展开教学研究。如果已经形成一套教学的教案,他们便可以一劳永逸,不需要再耗尽心力进行教学设计了,毕竟进行教学设计要占用他们很多时间。尤其对于一些老教师来说,他们有多年的教学经验,在他们的脑海中已经形成了一套固有的教案和固有的教学模式。无论教材结构如何改变,他们都可以应付自如。由于经验丰富,他们可以敏锐地抓住重难点,并且通过研究高考试题,他们懂得如何教学生应对各种考试,所以即使没有与时俱进更新教学观念,没有深思熟虑的教学设计,他们所教学生的成绩也不会让学校、家长失望。但是固守传统教学模式进行历史教学,虽然学生的成绩不差,但学生是否具备了历史学科核心素养,学生的能力是否提高,这恐怕值得教师们深思了。①

2.教师对教学设计理论理解不深,在实践中存在走过场的现象

从"教案"到"教学设计",许多教师认为只是换了个名称而已,教案与教学设计并无本质差别,所以导致许多教师依旧按照传统备课的方式进行教学设计。主要表现在四个方面。

第一,在教学设计时,虚设教学目标。从问卷调查中我们可以看出大多数教师在教学设计时仍以教师为阐述主体,在进行教学目标设计前也没有考虑学生的学习需求,这依然是以教师的"教"为出发点的教学设计,甚至有教师完全照搬别人的教学目标,不从学生实际和班级实际出发设计教学,这严重影响了教学设计的效果。

第二,教学内容没有优化。通过调查可以得出大多数教师都明白教材内容并非教学内容,教师在教学内容设计时会对教材内容进行增加、删减,对教材内容进行整合,但是很大程度上只限于根据教学重难点,对教材内容进行简单的补充,或者照搬网上的课件,而不是根据核心概念、关键问题确定教学主题,根据主题进行教学内容的优化整合。这样做的结果

①李红.现行高中历史教学现状分析与对策[J].科教文汇,2015(8):113-114.

就是学生觉得历史知识点越来越多,难以掌握。没有充分考虑主题就把教材内容打乱,学生会觉得教学内容没有逻辑,学习混乱,反而不利于教学。

第三,教学策略单一。以讲授法为主,重教轻学,忽略了学生学习的独立性、主动性、创造性。教学策略单一,有的教师在课堂教学中没有开展过探究教学,即使在教学设计中设计了探究教学策略、问题引领教学策略,也存在虚有其表的现象,如大多数教师会在探究课上引导学生形成教师需要的统一的答案。有的教师认为问题引领教学策略就是"以学案的形式组织学生提前预习,其中的问题能解决的学生自己解决,解决不了的教师进行讲解",在这样的认知的基础上进行的教学策略设计完全不能突出学生在学习过程的主体地位,更谈不上学生核心素养的培养。

第四,教学评价手段单一。教师依然是学生学业评价的主体;评价的内容单一,仍以传统的考试、课堂作业为主;评价仍以结果评价为主,对学生在学习过程中的表现很少进行评价。

(二)教师对新课改的不适应

通过调查,我们可以看出大多数教师对如何实现核心素养存在困惑,对新课标提倡的教学建议不能运用自如。这是由于教师们已经习惯了实验版的教学,实验版历史课标从2003年颁布实施以来对我国高中历史十余年的教学予以指导。在这十多年的教学实践中,教师们已经探索出一套适合自己的行之有效的教学模式,但是新课标颁布实施之后,很多教师的教学理念需要改变。时代对于教师的要求也越来越高,难度也更大。教师们希望自己能适应时代的要求,提升自己的教育教学能力,但是在尝试过程中却发现困难重重。

1.当前教学依旧以教师为主导,学生的主体地位不能真正落实

通过调查我们可以发现当前课堂仍然以讲授法为主,以教师为主导,即使有进行以学生为主体的教学活动,如探究教学、基于问题引领教学等大多流于形式,表现有:第一,通过对教师的问卷调查可知多数教师在进行探究课的教学中会引导学生形成自己想要的答案、设计学生活动的目的是落实知识点、落实教材。第二,教师对于解决问题环节的设计,从调查结果可以看出67.33%的教师选择教师提问,学生回答的问答模式,只有少数教师采取教师提问,学生自主探究的问题解决模式。教师在进行基于问题解决的教学时,大部分学生表示他们一般不主动作答,不敢与老师对

视,希望老师不要点自己的名字,原因是知识点掌握不扎实,不知道问题的答案。第三,大多数教师表示没有开展过基于史料研习的探究活动,对于历史结论多采取教师讲授的方式得出,主要原因是自己的史料素养欠缺,对于基于史料研习探究活动的课堂模式不熟悉,不能熟练运用。而学生表示自己对史料探究不太感兴趣,因为自身文史类知识素养不高,导致理解困难,对史料探究缺乏兴趣。

课堂教学依旧是以教师为主导,以学生为主体的教学活动安排比较少,很多教师把原因归结于课堂时间紧任务重、有教学压力,教学探究活动效果不明显,学生的水平不行,没有丰富的课外知识。教师是否应该从自身及教学设计中找原因,反思自己是否创设可以让学生感同身受的教学情境;是否设计能够引发学生认知冲突、激发学生学习欲望的问题;探究环节是否合理。如果不解决这些问题,那么历史教学依然难以扭转教师主导课堂的现状。

2.无法处理扎实落实核心素养和提高课堂效率的关系

通过对教师和学生的访谈我们可以看到新课改后很多教师抱怨教学内容多,每节课还要兼顾核心素养的培养,完不成教学任务。学生也认为历史学习比较难,知识点太多,知识不系统,难以背诵,即使背诵了也不能应对考试。为什么会导致这种现象呢?因为教师在教学中以落实知识点为主,教师们认为每节课都有需要突破的重难点,每节课都需要补充许多教学内容,但是很少考虑如何进行基于主题的教材内容的整合,在教学中通过核心概念的学习,让学生掌握可迁移的知识或能力。教学任务繁重,教师只能加快教学进度,不进行或少进行史料研习活动、探究活动,因为教师们觉得这些活动不能落实知识点,浪费时间。历史教学依旧是固守传统的教学模式,课改依旧不能真正落地。

第二章 高中历史教学立意的设计

第一节 高中历史教学立意概述

一、历史教学立意的理论依据

历史教学最重要的是培养学生的历史核心素养。历史学科核心素养包括唯物史观、时空观念、史料实证、历史解释和家国情怀五个方面,而且这五者之间是相互关联并形成统一的整体,对于这五大方面的培养需要以结合学生的认知和行为,以学生为本引导学生对于历史的思考和理解感悟,学会辨别和分析史料,掌握历史学科方法,具备历史学科相关能力。故对历史学科核心素养的培养可以运用到以下理论。

(一)人本主义理论

人本主义理论是卡尔罗杰斯提出的,该理论强调教育的目的是"人的成长",而不是知识和经验的简单传授,这一理论强调教育的过程要以"学生为本",教师处处为学生做设身处地的着想,帮助学生更好的学习。也就是说要以学生为本,不论是在教学设计上还是在教学实践上都要本着以学生为中心的人本主义理论。以人本主义理论为依据的核心素养教学立意突出强调学生在历史学习过程中,解决问题时所表现出来的能力、品格与观念。

而目前高中的教育的现状是"以考立教",忽略了教育的本质是对"人"的培养,而是对考试"高手"的培养。

(二)行为主义理论

行为主义理论强调行为和认知的结合,认为既可以通过人的思维、信念和期待等认知过程预测人类的行为,也可以通过改变人的认知来改变人类的行为,通过行为的改变也可改变人的信念、期待等认知过程;并且行为主义理论还强调自我调节的作用,以及心理过程的积极与主动性和坚持客观主义的态度。在教学过程中我也将行为主义学说融入教学立意中,使学生未来进入社会或是遇到了需要决策的重要时期,能够有笃定的信念,而在遇到重大事件的时候,也能够进行自我调节,不论遇到什么样的困难与阻碍,都能够以积极与主动的心态,更加客观的看待与理性地解决。因此高中历史课堂在设计教学的过程中需要考虑学生的积极性与主动性。

(三)认知主义理论

与行为主义学习理论相对的是认知主义学习理论,其认为学习就是面对当前的问题情境,在内心经过积极的组织,从而形成和发展认知结构的过程,强调刺激反应之间的联系是以意识为中介的,强调认知过程的重要性。

高中时期是学生形成认知的关键时期,通过学生在学习过程中意识的唤醒,来形成学生的认知,这一过程中高中学习扮演着不可或缺的角色。高中历史课堂教学中通过对史实的理解和学习,从而形成和发展学生的认知结构,进而对学生未来的发展道路提供帮助。现代历史教育,不能简单地利用历史材料建立历史记忆。高中历史课堂中需让学生在历史课堂学习中获得的关键能力与个人品质修养,推动学生的终生发展。

(四)教育教学过程最优化原则

教育家巴班斯基的《教学过程最优化》一书中论述了教学过程最优化理论。该理论认为教学最优化就是在一定条件下,教师用最少的教学时间取得最大的教学效果。此外,该理论还强调教学要按照一定的逻辑顺序,教学内容的每一部分同其他部分都必须有逻辑的关联,后面的教学内容要以前面的为基础,并为掌握新的内容做好准备。由此可见,历史教学立意的提出符合教育教学过程最优化理论。历史课堂教学的中心是历史教学立意,历史教师要围绕教学立意组织和协调教学内容。这样下来,历史课堂的教学环节就会非常连贯,环环相扣,课堂教学的逻辑性增强,达到用最少的时间实现最优化的历史课堂教学效果,从而提高教学质量。

(五)多元智能理论

多元智能理论是美国著名的心理学家霍华德·加德纳提出的,他在著作《智能的结构》中提到了不同的智能领域都有自己独特的发展过程,因此要求教师要有因材施教的教学观念,针对不同的教学内容有所不同。同时在教学时要针对每个学生的不同智能特点来进行教学。历史教学立意的应用符合多元智能理论的需求。历史教师可以从具体学情出发,来确立教学立意,照顾到不同层次的学生,以此达到因材施教。

二、高中历史教学立意的实践意义

(一)贯彻课程标准,彰显史学功能

高中历史课堂有了教学立意才有教学"灵魂",鲜明的教学立意能够统率整个课堂,使得课堂不再无目的、无核心,从而能够提升整个课堂的教学效率。在高中历史课堂教学中,历史教师在深刻理解史实以及史学理论基础之上,围绕核心目标进行教学立意设计,深入提炼历史教材之间的内在联系,围绕立意来串联历史发展的脉络,促使教学设计更加清晰与合理,使学生的学科核心素养得到提高,进而通过课堂教学使学生逐渐形成具有本学科特征的必备品格和关键能力,使得课堂教学效率有很大的提高。

教学立意乃是课之魂。如果高中历史课堂缺乏教学立意,教师往往只是根据课本内容按部就班地讲下去,课本上有什么便讲什么,而不懂得深入的进行挖掘教材与教学内容的内在联系,更谈不上把核心素养融入教学立意进行授课,因此对于学生而言,其通过课堂吸收到的只有书本上枯燥的知识,而缺乏对史实的进一步思考,因此也无法对学生个人的发展以及个人素质的培养有实质性促进作用;另一方面,仅仅是教材内容的简单传授,也很难让学生对历史学习有兴趣与积极性,因而无法调动学生在课堂中的积极性,课堂效率也很难提高。因此只有抓住历史学科的教学立意,把教学与学生自身素质、能力的培养以及核心素养的培养相结合起来,才能调动学生的积极性,从而提高历史课堂的效率。

(二)抓住教学主线,提高课堂效率

当今世界各国都以核心素养作为国家教育改革的方向,随着我国的不断发展,对人才的培养也更加注重。早在《21世纪学生发展核心素养研究》就指出了21世纪新人才培养质量的标准,中国学生的核心素养包括六大方面:人文底蕴、科学精神、学会学习、健康生活、责任担当和实践创新。历史课程作为人文学科的一部分,其核心素养下的教学立意制定与实践更

能体现出我国的教育功能。教学过程中根据教学立意,确定教学主线,学生目标明确,逻辑清晰,从而提高课堂效率。

(三)突出学生为本,促进学生成长

教育面对的是一个个活生生的、整体的人,他既具有生物性和社会性,还表现出个体的独特性。学校教育的主题是学生,因此核心素养下的高中历史课堂教学立意要能够使学生的自身得到发展,从而提升学生的核心素养,使学生在学习的过程中不能仅仅局限在知识的表面,更应该通过学习形成自己对知识的理解与体悟。历史教学要遵循学科的逻辑性,同样教学立意也因要遵循相应的逻辑性,这样的教学立意起到了提纲挈领的作用,学生在历史课堂教学之中会对教学内容形成课堂生成新知识,加深对历史的深刻理解,而不是局限于历史知识表面。使学生历史学习的思维力得到锻炼,历史的价值观念得到完善,进一步提升学生的能力,从而提升学生的核心素养。

(四)加强教学实践,践行核心素养

马克思曾说,建立在机器工业上的"整个生产过程不是屈从于劳动者的直接技巧,而是科学在技术上的运用"。这就决定了学校教育是为了培养运用技术的人才,而学校教学是培养人才途径之一。历史学科教学是整个学校教学的一部分,是组成学校教育的一个教学单元,学科教学的对象是学校的学生,学校中宏观的教育理念、教学文化、学校管理影响着学生的成长。学生历史学科核心素养的培育与学校的文化建设是有一定的联系,这就决定了学校的文化建设内容和历史学科的核心素养要素要具有一致性或相近性。在党建引领的校园文化建设下,有利于培育学生的历史认同。学校是学习科学知识的主要阵地,也有利于培育学生的科学精神。在学校教学理念和教学方式上而言,如果教师全讲、学生全听,那么学生就很少有机会"公共参与",如果学校在培育学生的过程中仅以课堂教学活动为主,忽视学生的社团实践活动,学生的"公共参与"的机会也会变少。笔者希望学校实行科学民主的管理,重视学生社团实践活动,建设丰富多彩的学校文化。教师是课堂的主要组织者和参与者,在核心素养的培育中扮演着重要角色。为了将核心素养融入实际的教学中,教师的专业知识和历史学科素养就显得尤为重要。在专业知识的基础上,将教育教学理论研

究和教师教学实践的有机结合,再加上教师时时留心的教学灵感,进而精心构思教学设计。

随着新课程理念的提出,教师要时刻更新教学理念,要打破陈规,认真学习和贯彻新课程理念,把学科核心素养融入学科知识之中,树立以学生为主体的教育理念。学生学科核心素养培育的过程中教师起着不可或缺的作用,榜样是最好的力量,教师是否具备核心素养的教育意识,是否践行着核心素养的要求直接关系着学生核心素养培育的成败,教师应该言行一致,无论课内还是课外,在言行中都应做好践行核心素养的榜样。课堂中优秀的教学设计总能让学生在轻松、自然的学习状态中获得知识,提升学科核心素养。因此,教师要以学生的实际情况来进行教学设计,合理安排时间、研读教材、选取素材、设定教学内容目标、精心设计教学环节、培育核心素养。

第二节 高中文化史教学立意设计现状及原因分析

为进一步获得真实详尽的第一手数据,深入了解一线历史教师文化史的教学情况,笔者对部分高中一线历史教师文化史教学立意设计的现状进行了问卷调查和课堂观摩,并对其文化史教学设计进行分析。以获得翔实的数据资料,从而更好地掌握一线历史教师对于高中文化史教学立意设计的现状及问题。

一、现状分析及存在问题

(一)调查问卷分析

1.对学生核心素养的关注程度

您对中国学生发展核心素养有所了解吗?

由调查数据可以看出,有52%的一线历史教师对学生发展的核心素养有所了解,38%的一线历史教师对学生发展的核心素养只有一点了解,10%的一线历史教师对关于学生发展核心素养相关问题完全不了解。影响学生核心素养形成的关键因素之一就是教师,教师在学生核心素养的发展过程中扮演着转化者和促进着的重要角色。

您对历史学科五大核心素养有所了解吗?

由数据可以得出,过半数的一线历史教师对历史学科核心素养有所了解。学生核心素养的发展是通过各个学科的学习来实现的,因此要确定学科素养。历史学科核心素养经过专家组的不断讨论在2016年8月最终确定为"唯物史观、时空观念、历史解释、史料实证、家国情怀"五大核心素养。

2.对教学立意的关注程度

您注意过历史教学中的立意问题吗?

根据数据显示,72%的历史教师在非常规课的情况下会特别注意历史教学中的立意问题,例如一些教师在进行公开课展示或者比赛课时会对教学立意打磨钻研;18%的历史教师一直都很注重教学的立意问题,还有10%是没有注意过的。由此可见,大多数的历史教师对教学立意的关注是缺乏主动性的,对历史教学立意的关注度受外界因素影响较大。

您认为文化史教学立意重要吗?

由数据分布可以看出,一线历史教师接近半数认识到文化史教学立意的重要性,但还有14%的历史教师认为教学立意根本不重要甚至都没有想过教学立意,可见仍有一些历史教师是比较忽略文化史教学立意的。

您在文化史所有课程中确立较高教学立意的有几节课?

根据数据分布显示,历史教师在文化史教学中从来没有确立过较高教学立意的比例占到了18%,而用心确立教学立意在16课以上的只有4%。根据上一个统计图的统计结果显示虽然说49%的历史教师认为文化史教学立意很重要,但是在实际的教学中却并没有将其付诸实践。

在什么情况下您的备课和教学会在教学立意上下功夫?

调查结果显示,大部分教师在公开课和比赛课时会对教学立意下功夫,说明许多教师在一定程度上意识到了教学立意的重要性;但是每一课都会琢磨教学立意的教师只占5%左右,从来没有在教学立意上下过功夫的也超过了10%。

3.对文化史教材研究情况

您有研究过文化史教材的内容吗?

教材是教师确立教学立意的依据,也是课堂教学必不可少的教学资源。教师们对教材的把握情况如上述统计图显示,对文化史教材进行过认真研究的只有15%左右,大致了解但说不上研究的高达80%,5%是没有对教材进行过研究的。说明教师们对教材的把握和运用情况并不理想,也势必会对教学立意造成不利的影响。

您认为文化史的教材内容编排?

调查数据显示,58%的历史教师认为文化史教材内容的编排知识容量很大,这也造成了历史教师对文化史教学内容以及文化史教学立意不容易掌握和确立。30%的历史教师教材的知识结构不够清晰,从侧面程度说明了历史教师更多的关注教学内容的知识方面。

关于文化史中涉及的美术史、文学史、音乐史的内容,您认为?

调查数据显示,63%的历史教师对于文化史中涉及的美术史、文学史、音乐史等内容还是有一定的历史思维认识的,能够认识到"不把历史课上成文学或艺术课",能够认识到从历史的角度出发深挖作品的内涵,认识到文化史的教学应该体现历史学科的特点。8%的历史教师不能理解编写者的意图,说明对文化史的教学内容没有理性和高度的认识。

关于文化史中科学技术史的内容,您认为?

关于科学技术史的内容,45%的历史教师并没有认识到编写者为什么要把它编进历史教材,只是单纯认为一些科技史的内容超出了历史范围,认为这些科技史的内容在高考中并非重点,在教学中不必要花费大量的时间和精力,但他们并没有考虑这些科技史的内容能开拓学生的视野,让学生意识到"科技强国"的重要性,没有形成科学史教育的观念。缺乏"用教材教"和培养学生历史学科核心素养的认识。然而值得庆幸的是,仍然有52%的历史教师认为有必要揣摩编写者的意图,说明这部分历史教师还是重视对教材的研究的。

4.对基于历史学科核心素养下的文化史教学及教学立意确立的认识

调查数据表明,虽然历史学科核心素养已经提出了一年多,但对于历史学科核心素养和教学立意之间的关系还是有接近一半的历史教师不清楚。因此,应该多注重对历史教师有关学科核心素养和教学立意方面的培养。

新课程改革(尤其是核心素养的提出)后,您认为文化史教学立意确立的难度如何?

调查数据表明,有60%的历史教师认为文化史教学立意确立的难度较大,说明超过一半的教师认为历史学科核心素养提出后的文化史教学是对于历史教师来说存在一定难度,具备很大的挑战性。

您觉得历史学科核心素养提出后文化史的教学难度在于?

调查数据表明,30%的一线历史教师认为自身的知识储备有限,说明他们认识到自己的史学功底还不够深厚,在文化史教学方面不能做到游刃有余,需要通过大量的阅读文化史相关的专著和论文,汲取史学界最新研究成果来提升专业素养。20%的一线历史教师在历史学科核心素养提出后对文化史教学立意的确立掌握不好,对从哪个角度切入进行教学不得要领,说明这部分历史教师面对历史新课改的迷茫,认识到文化史教学的难度,并一直努力寻找文化史教学的出口。而45%的一线历史教师表示很难将学科核心素养融入文化史教学中,很难找到一个契合点,这说明教师并没有从根本上理解学科核心素养而无法将其融入文化史教学中,这势必会对教师基于学科核心素养下确立文化史的教学立意产生不利影响。

二、存在问题的原因分析

(一)主观方面

笔者认为历史教师改变传统教学观念迫在眉睫。以下笔者将从几个方面进一步阐述造成高中文化史教学立意存在诸多问题的原因。

1.学生发展的真正需求

历史教师在确立历史教学立意时重要的一点就是重视学情。为了使学生更好地发展,历史教师应在设计教学立意时更多地考虑学生素养的培养。历史学科应注重培养学生的人文素养,所以要兼顾学生的全面发展。

学生在历史学习的过程中,也是历史思维形成的阶段,对于学生辩证思维和逻辑思维的发展有一定的帮助,对学生人文素养的培养也有很大益处。

2.教师素养问题

历史教师确立教学立意的高低不仅受到自身教育教学理念的影响,还受到历史教师个人历史观、眼界、个人学识和见识的影响。文化史因为涉及古今中外的思想、文学、科技、艺术等众多领域,没有深厚的史学功底是把握不好文化史的教学。

第三节 高中文化史教学立意确立的有效途径

一、分析教学背景,挖掘立意基础

分析教学背景是历史教师确立教学立意的首要环节,包括对学习者和学习内容的分析。

(一)学习者分析

历史教学立意的确立必不可少的就是对学习者的分析。教师是教学的主导者,学习才是学习的主体。历史教师在如何确立教学立意上应该针对不同的学情进行分析。例如根据高中阶段学生的人生观和世界观的发展程度,对事物的认识程度,学生对老师所讲授的历史内容有哪些不清楚,不理解,没有掌握的,等等。历史教师在授课时要全方位的考虑学生的学习能力、学习动机和学习兴趣等,并根据这些来选取教学方法和确立教学立意。

1.以学生已有的知识储备为基础

历史教师在确立教学立意时,不能忽略学生的知识储备情况。就学习必修三之前的知识储备而言,主要是初中时期和高一年级必修一、必修二的历史学习以及相关学科如语文、地理、美术音乐等。历史教师应根据高中历史课程标准,将高中历史教材进行全方位的分析,对政治、经济和文化史进行整合,构建起完整的知识体系。在文化史教学内容中,有一些学生在初中的时候学习过,也有一些全新的学生不了解的知识。因此,不同的情况均对历史教师确立的教学立意产生不同的影响。

2.关注学生的身心发展

教育的根本任务是"立德树人",实现学生的终身发展。如何将历史教学与学生的身心发展有效联系起来,真正促进学生的发展呢? 笔者试从激发学生学习动机和促进学生对历史的认知能力两大方面阐述。

(1)激发学生的学习动机

历史教师要把握好学情就要了解高中生的学习动机,了解学生对事物和社会问题的初步认识和思考。高中阶段学生的思维逐渐由感性思维向理性思维转变,人生观和世界观初步形成。对一些事情有自己的思考和判断,渴望透过事物的现象探寻本质。这一阶段的学生不仅对历史教材中的知识产生怀疑,也渴望通过更多的渠道搜集更多的资料来进行分析论证,形成自己的结论。这就产生了学习动机。而历史学科的学习恰好为他们的学习动机提供了重要的渠道。历史的学习不仅能让学生通过历史人物和历史事件总结前人的经验教训,开阔眼界,认识到世界文化的多样性和复杂性,激发学生的家国情怀,努力为弘扬中国传统文化做出努力和贡献。还能培养学生通过对历史现象的解释和分析,对历史材料的搜集、筛选和整理等的辩证思维能力。因此,高中历史的教学要求不能停留在知识的识记和应试技巧上,它要求历史教师提出具有思考价值的问题供学生探究。

(2)引导学生由感性认识上升到理性认识

高中学生经过初中阶段的历史学习,在一定程度上历史思维已经得到发展,看待历史问题也更加理性,有能力去透过历史的现象看到本质,探寻历史背后深层次的原因。但并不是随着年龄的增长,学生对历史的认识就一定会从感性认识上升到理性认识。如何突破知性阶段呢? 这就需要历史教师依据学生认识发展的特点来进行教学立意的设计,无论是材料的选择还是问题的难易程度都应该适应学生的认知发展,做到引领学生思考。

3.关注学生的已有经验

建构主义理论认为学生在以往的日常生活和学习中积累了丰富的经验,对世界有自己的认识和看法,并不是头脑空空没有思想的人。就算学生以前没有接触过一些历史史实,他们也会根据以前的学习经验来做出判断和解释。因此,历史教师在历史课堂教学时不要强硬的给学生灌输知识,应该在教学时充分了解学生的学习和生活环境,结合学生已有的学习经验来教学。就历史学科的来说,根据历史的经验对现实社会进行反思很重要。因此,历史教师在进行课堂教学时要让学生站在更高的教学立意层面上感受历史,认识历史。历史教师的应该认识到哪些历史事件的讲解可以通过学生已有经验来增强学生的认识,认识到如何利用现有的自然和社会环境,并从中抽取一切有利于建立有价值经验的东西,为学生更好的构建自己的认知搭建桥梁。

（二）学习内容分析

历史教师在确立教学立意时要对教材的学习内容有个全面清晰的把握。除了上述对学习者的分析外,还应该重视分析教材的学习内容。

首先要分析学生应该了解,认识,掌握,熟知哪些历史知识,从历史课程的学习中学生要获得哪些历史学科核心素养,提升什么学习能力等。

其次要分析历史学习内容的类型、范围和深度以及课时教学内容中知识点之间存在的内部逻辑关系,从而确立本课的教学内容。这样才能为教学立意的有效确立提供知识基础。结合学生的原有知识结构、学习能力、学习需要,确立本课教学立意和方案。

笔者以上的分析在实际历史教学中需要历史教师结合学生的学习已有经验,学习兴趣和能力来设计历史课的教学立意。历史教师要注意在设计历史教学立意时要有逻辑性和针对性,要在学生的认知和理解范围之内,做到根据学生的学情和学生的不同特点来因材施教、因材立意,保证历史课堂的教学效果。

二、选择恰当方式,设计教学立意

教学立意是一节历史课的核心观点和中心思想,学生在历史课的学习就是要掌握这个核心观点和中心思想。作为历史教师可以通过多种方式确立教学立意,在教学立意的统领下设计教学。下文将就几种方式进行具体阐述。

（一）理解核心素养

随着经济全球化进程加速,世界经济开始进入知识经济时代,为了适应信息化时代的挑战,各国都加紧了对人才的培养。我国为了从人力资源大国向人力资源强国迈进,对受教育者核心素养的培养也提出了新要求。《中国学生发展的核心素养》成为我国21世纪的新人才培养质量的标准。历史学科核心素养就是在这一背景下产生的,它比培养历史学科能力目标更高一个层次。在上一轮的历史课程改革中,中学历史教学实现了从培养学生"知识"向"能力"的转变,从历史学科来看,历史学科核心素养是继学科能力之后一个更高更新的目标。在这一轮历史新课程改革中,对学生核心素养的培养被提上日程。将重点放在培养学生核心素养上,历史学科在素养教育方面已经达成一致共识。

总之，无论是从教育目标"培养怎样的人"，还是从具体的教育过程"怎样培养人"来说，中学生核心素养的培养为解决这两个教育问题提出了一种新的思路。同时，它也是历史学科课程改革发展的新阶段，是三维目标立意向学科核心素养立意的转变。

在上一轮课程改革中，三维目标的散乱已经成为众矢之的，为了整合三维目标，历史教学专家和一线教师提出了历史课堂教学立意、教学灵魂等概念，以此来统筹课堂教学，在知识与能力立意的大背景下，彰显了历史教学的价值。

随着历史学科核心素养的提出，历史教学立意这些探索与提法显得更有价值。因为历史教学立意是历史课堂的核心思想和灵魂，它指向培养学生独立的思想和品格。但基于学科核心素养下的历史教学立意的设计却不是那么容易，需要找到一个"教学支点"，这样对学生历史学科核心素养的培养才能落到实处。

历史教师在历史教学中培养学生的历史学科核心素养是一个艰难的过程，它需要历史教师有充分的自信心和责任感。在这一过程中历史教师可能没有找对方法或者是不得要领浪费了很多时间和精力也没有收到有效的成果。但是如果历史老师们都能全力以赴的致力于历史教学的钻研中，为了上好一堂高效的历史课或是向同学们呈现完美的历史课堂而不断打磨自己的课，那么笔者相信在新一轮历史课程改革中，培养学生历史学科核心素养和发展学生核心素养都可以在教学实践中的点滴实现，那教学立意的提升就自然不成问题了。

(二) 探索单元主题

目前高中历史教材是模块加专题的构成形式，每个专题都有一定主题。历史教师通过解读单元主题来确立历史课堂教学的教学立意是基本的方法。

历史教师在确立教学立意时要注重单元核心思想的把握。

笔者认为从探索单元主题的角度确立教学立意相对来说方便简单，教学立意不容易发生偏颇，但由于每个历史教师的专业能力和教学经验有差异，所以不同的老师对单元解读的角度会不同。因此，历史教师在探索单元主题时重要的事对文化史教材整体的把握，把握思想文明历程的核心，以免教学立意出现偏差。

(三)研读课文标题

课文标题是一课内容的核心,是教材编写者依据课文内容提炼出来的,一般能准确地概括本课的核心内容和主旨。因此,教师可以直接通过研读课文标题来选取体现本节课内容的关键信息来确立教学立意。

笔者认为从研读课文标题的角度确立教学立意操作更方便简单,但适用的历史课程范围相对较小,并不是每一节历史课都能从标题中提炼出关键信息来确立教学立意,这种方法虽说比较简便,但相对有局限性。

(四)追踪史学前沿

历史新课程改革后要求历史教师要不断地充实自我的史学知识,不断学习去追踪史学前沿,用最新的史学成果来丰富课堂教学。因为史学前沿一方面不仅能开拓学生的视野,丰富学生的历史知识,让学生对历史有正确客观的认识。另一方面史学前沿也是历史学科最新研究成果的象征,体现了历史学科教学的科学性和时代性。历史教师要想历史课永远保持鲜活的生命就要大量研读相关史学专著和史学界最新发表的权威性论文,关注学术研讨会,等等。在历史课堂教学时要适当地选取一些史学理论作为历史教学的指导,选取一些史学成果和新的史料进行教学。史学前沿包括新史观的运用、新史料的发现、历史著作中的新观点等。这些都为历史教师确立教学立意提供了方法和视角。教师可以通过史学前沿成果与相关课时恰当的衔接和整合,以此确立教学立意。

笔者认为历史教师追踪史学前沿确立教学立意对自身的史学素养有很高的要求。不仅要关注历史教材,还要与时俱进,对学术界的研究成果进行了解和追踪,对最新的史学研究理论成果进行学习,并尝试在课堂中引入最前沿的学术观点,以扩宽学生视野,引发学生思考。这就需要历史教师具备开放的视野,树立终身学习的理念,不断追踪最新学术动态,吸收最新史学成果,深化对历史的感悟和体会,从而确立出高品质的教学立意。

三、反思课堂教学,完善教学立意

历史教师要对历史课堂教学进行不断的反思并根据学生课后反馈的情况对教学立意进行调整和完善。就教学立意的反思而言,要注意以下几个方面。

（一）学生核心素养的达成度

在教学立意的统摄下，高中历史教学过程中，教师除了向学生传输有关的历史知识，还必须形成以历史核心素养为核心的教育体系。关于考查学生历史学科核心素养达成度方面，《普通高中历史课程标准》对五大核心素养的检测水平进行了划分，每个素养分为四个水平。教师在评价时应从多个维度对学生历史学科核心素养进行评价，不仅要重视结果，更应该关注学生的学习过程，关注学生的成长过程，重视学生在评价过程中的作用，突出学生在学习中的主体地位等。

（二）学生思维的主动性

在教学立意的统摄下，历史课堂教学应该紧紧围绕着教学立意展开，增强了课堂的思想性和逻辑性，避免了教学环节的松散无章。同时将僵化、繁杂的历史知识，转化为明了、灵动的历史课堂和历史情境，激发学生好奇之心，启迪学生思维，激发学生自主学习、主动探究的兴趣，激发主动思考和积极回答的欲望。

因此，通过反思课堂教学是否触动学生的历史思维，学生是否积极主动融入和参与历史课，紧跟课堂节奏，主动探究，回答问题等，可以反思出历史教学立意的确立是否合理、恰当，从而做出调整和完善。

（三）学生体验的深刻性

在教学立意的统摄下，学生对教学内容的理解不能仅停在历史知识层面，要走入历史深处，去感悟历史和理解历史。同时教学立意是对学生历史学科核心素养培养的重要途径，学生应该通过历史课堂的学习有所收获。因此，通过反思历史课堂教学是否培养了学生的核心素养，可以反思出历史教师确立教学立意的合理性，及时调整为契合培养学生核心素养的教学立意。

虽然在确立教学立意前，教师已经做好了对学习者和学习内容的调查分析，但实际的授课与教学设计难免出现一些偏差，这就需要教师在课堂教学之后进行课堂教学反思，针对历史课堂的具体状况调整、锤炼和完善教学立意。反思和调整有利于教学立意的完善。由于教学立意不易把握，因此需要教师经过反复多次的实践和反思，从中寻找经验和方法。从课堂中找寻灵感，调整教学立意，再到课堂实践，反复锤炼，就会使教学立意更加饱满,更有高度,使教学立意更加契合学习者,使教学立意真正做到为学生服务,为课堂教学服务,使教学立意的课堂达到有效和高效。

第四节 围绕教学立意展开高中历史教学需要注意的问题

一、教学立意应注重价值引领

教学立意是一堂课的核心和灵魂,统摄整个课堂教学。因此教学立意的基调便奠定了整个课堂的基调。历史学科是人文学科,承载着对学生价值观的引领,充当学生价值观引领的历史教师的作用就显得尤为重要。历史教师在历史课堂教学时要设计积极充满正能量和符合社会主义核心价值观的教学立意,对高中生的价值观起到正面的引导作用,这样学生在分析历史问题和看待历史事件时的角度就会更积极。反之,如果一个历史教师对历史教学有着不端正的态度,在历史课堂上有着不当的言论等,都会潜移默化的影响学生的人格,对学生今后人生观、世界观和价值观都会产生消极的影响,违背了历史教师"立德树人"的教育宗旨。

当然,笔者认为历史教师的价值取向不能强加给学生。历史教师在价值引领方面应该做的是客观和实事求是,不要带有浓厚的主观色彩去评价历史事件和历史人物,只需要在教学中提供给学生对某一历史事件不同评价的史料来引导学生自己去分析和判断就好,让学生有自己的思考和认识。然后历史教师再讲自己的想要表达的价值取向传递给学生并和学生讨论交流,这样才可以起到引领价值观的作用。[①]

二、教学立意应注意统率课堂

教学立意是一节课的核心和灵魂,对教学内容和整个教学过程起着统领的作用。在教学立意的统领下,历史教师的授课、学生历史知识的学习和历史学科核心素养的培养将会围绕教学立意联系成一个整体,将分散零散的历史知识统合为整体的历史叙事,巧妙、自然地将貌似杂乱无章、孤立、零散的历史加以扩展、联系和贯通,将历史知识衔接起来,从而使课堂

---

①于萍.高中历史课堂教学立意的研究[D].桂林:广西师范大学,2016.

呈现明晰的条理性和缜密的逻辑性。

一名历史教师必须有宏大的历史观和开阔的历史视野,历史教师的眼界和心界决定历史教学的境界。历史老师有了大格局历史教学才有大智慧。唯此,也才可能在智慧的历史课堂中滋育学生的学科素养。

历史教师只要做到教学立意统率课堂,才能把看似杂乱无章、分散零散的历史联系贯通起来。

历史是过去的现实,现实是将来的历史。治史至识,为学达观,关键在一个"通"字。古今连通、东西贯通、文史兼通、史论互通,建立在一种大视野和大格局前提下。司马迁强调的"通古今之变",正是通过历史学者的古今通感,过去与现在才发生了内在的勾连。教学立意统领下的课堂,要使学生在习得知识的过程中感知过程,领悟学习的方法,从而慢慢内化为思维方式和思维习惯,即学生思维能力的培养。基于此,教学立意才能贯穿于整个历史课堂之中。因此,教学立意一定要具有统领性,具有"大视野""大历史观",在总体历史坐标和历史时空中去确立教学立意,将整个历史课堂凝聚起来,切不可有形而无实,失去教学立意原初的作用和意义。

三、教学立意应体现时代特征

随着时空的不断变迁,斗转星移,历史反映着过去,照亮着未来。它的存在永远可以给未来提供借鉴的经验。由此可见,历史知识本身具备一定的时代性。在历史教学中,更是如此。新课程改革中强调历史教学的"时代性",要求历史教学要遵循时代性特征,与社会发展相契合,将历史与现实生活相联系。虽然历史是客观存在的,但历史意识和历史理念却是随着史学研究的不断推进和社会的发展更新的。

历史教师要像本课的设计者一样,在有特定背景历史课讲授时要确立有时代感和符合社会发展进步的教学立意,要牢牢把握住社会发展的大方向和总体趋势。教学立意要具有时代性,要选择适应时代需要,符合社会进步和世界潮流的立意取向,选择贴近学生生活,具有一定时代价值、现实意义的内容作为教学立意,避免将与社会发展、时代精神相背离的思想、理念和观点作为教学立意,从而通过课堂教学立意的时代性,在历史和现实搭建起沟通的桥梁,促进学生历史学科素养的养成。

第三章 高中历史课堂教学目标的设计

第一节 高中历史课程目标与课堂教学目标

教学目标是有层次性的。在教育教学过程中主要存在着三种层次的目标,由宏观到微观的角度来看,分别是课程目标、单元目标和课堂教学目标。不同层次的目标有着不同的特点,发挥着不同的功能。赵亚夫教授在《中学历史教育学》一书中点明,课程目标是宏观目标,以课程标准为载体,体现国家学科教育的总体目的和要求,它"明确学科课程应达到的预期目标;规定学科教育应达成的水平;突出导向性和整体性"。单元目标和课堂教学目标均以教科书和课程标准为载体,其制定者是任课教师。单元目标是中观目标,体现学习主题、专题或单元的预期结果和要求,是课程目标的下位目标,须考虑具体学情,强调具体性和实效性。课堂教学目标是微观目标,以课时为单位,由授课者自拟,体现学生通过一节课学习所产生的预期结果和要求,是单元目标的下位目标,须针对具体的学习内容和学情,强调灵活性、针对性、操作性和可测性。

一、高中历史课程目标

三维目标和历史学科核心素养均属于历史课程目标,都指导历史课堂教学目标的设计。不过,三维目标与历史学科核心素养并不是同时指导课堂教学目标的确立,后者是对前者的继承与发展,体现了不同阶段国家对于学生培养的不同基本要求。

(一)三维目标

2003年《普通高中历史课程标准(实验)》发布,明确了"知识与能力""过程与方法""情感态度与价值观"的三维课程目标。其中,"过程与方法""情感态度与价值观"两个维度目标引导着教师改变只重视知识传授的倾向,要求关注学生的全面、终身发展。从时间来看,三维目标的提出正处于新课程改革的初步发展阶段,它是新课改的产物,并指导与推动着前期的教学改革。

关于历史三维课程目标之间的关系,"知识与能力"目标阐明学生通过历史学习应掌握的历史基础知识和应具备与提升的历史学习能力。"过程与方法"目标涵盖了学生进行历史学习与探究的过程及方法要求。"情感态度与价值观"强调学生通过历史学习能够逐渐形成科学的历史观,培养爱国主义等积极的情感与价值观。三维课程目标中的三个维度是相互联系、依存的,而不是独立的,是不应被割裂的。[①]

(二)历史学科核心素养

教育部发布的《普通高中历史课程标准(2017年版)》,正式在历史课程标准中明确了"唯物史观、时空观念、史料实证、历史解释、家国情怀"的历史学科核心素养的五大方面。关于高中历史课程目标与历史学科核心素养之间的关系,确切地来说,历史学科核心素养是对高中历史课程目标内容的凝练。历史学科核心素养体现着鲜明的学科特征,是课程改革深入发展的产物,指导历史教学改革的深入发展。

关于历史学科核心素养五大方面之间的关系,唯物史观,形象地来讲,它是历史教学的"天空",无处不在,是指导历史教学与探究的必要思想;时空观念是历史学科本质的体现,是认识历史的必要观念基础;史料实证是学习、理解历史的必要意识、能力与方法;历史解释是基于历史理解进行历史叙述的能力;家国情怀是"学习历史和认识历史在思想、观念、情感、态度等方面的重要体现,是实现历史教育育人功能的重要标志"。虽然高中历史新课标中出于表述的需要,五大核心素养被分类阐述,但在实际教学中,它们是一个不可分割的有机整体。

(三)三维目标与历史学科核心素养的关系

三维目标与历史学科核心素养都是新课改的产物,蕴含着大体相同的教育理念,反映了素质教育的要求。三维目标与历史学科核心素养都不局限于知识与能力目标,注重对学生优良品格的培养,关注学生学习的过程,力求为他们的终身发展打下良好基础。三维目标不是三个教学目标的简单组合,历史学科核心素养也同样不是五个教学目标的简单拼接,它们

---

①李亚娜. 学科核心素养目标视域下的高中历史教学设计研究[D]. 桂林:广西师范大学,2021.

都是有机统一的不可分割的整体。因此,从种种方面来看,同属于历史课程的课程目标,三维课程目标与历史学科核心素养具有许多共性。

相较来说,历史学科核心素养对三维目标虽有所继承,但更多的是发展。从形成机制角度来看,历史学科核心素养是在三维目标基础上提出的,是对其的进一步精炼整合。把知识、方法等目标精炼为关键能力,把情感态度价值观目标提炼为必备品格与正确价值观。此外,历史学科核心素养有利于完善三维目标存在的不足之处。如三维目标并未对人的发展的内涵和素质要求做出清晰明确的描述与界定,而历史学科核心素养目标则对其做出了明确的规定,并且进行了水平划分。而且,历史学科五大核心素养更加关注学习主体——学生,强调目标的内化,更能凸显以人为本的教育理念。

总之,历史学科五大核心素养是对三维课程目标的继承与发展,它更学科化、专业化,围绕历史学科的主要教育功能而展开,而且更具体化,含义更为清晰,目标明确更易于把握。

二、高中历史课堂教学目标

从课堂教学目标的功能与特点来看,具体到高中历史学科,基于核心素养的高中历史课堂教学目标应是教师依据高中历史新课标的课程目标要求、新课标规定的课程具体内容、新教材内容、具体学情以及教师主体性课时教学理解与立意,设计与指定的关于历史教学将使学生发生何种变化的明确表述,即在课堂教学活动中所期望得到的学生的历史学习结果。高中历史课堂教学目标设计,从教学目标的层级来分析,则是指将高中历史课程目标更具体地转化为各课时教学目标的过程。

三维课程目标阶段,高中历史课堂教学目标大多采用"三维"的书写格式,涉及知识、技能、情感等领域。

在核心素养引领下,制定高中历史课堂教学目标则应是依据高中历史新课标具体分析所教学生学情和每课教学内容,将历史学科核心素养的课程目标进行科学、具体、恰当地转化的过程。教师应正确看待高中历史教学与历史学科核心素养具体落实之间的关系,对每一节历史课科学有效地进行教学目标设计。

第二节 基于核心素养的高中历史课堂教学目标设计策略

面对核心素养背景下高中历史课堂教学目标设计中存在的各种问题，笔者在本章中尝试提出一定的改进策略与建议，主要包括：遵循原则，科学设计；掌握步骤，有序设计；以评促教，改善设计；把握素养，深化设计。

一、遵循原则，科学设计

（一）坚持整体性与全面性统一的原则

高中历史教师在设计一节历史课的课堂教学目标时，首先应全面把握高中历史课程目标，制定或了解本课所在单元的单元目标等，设计出来的高中历史课堂教学目标应以这些目标为指导，并与其形成一个优化整体。其次，课堂教学目标自身也是一个有层次的整体，它包含不同的类型和各个层次，各类型目标如认知类目标、情感类目标、价值观类目标等。各层次目标如认知类目标按照布卢姆教育目标分类法又可分为识记、领会、应用、分析、综合、评价六个层次。教师应使课堂教学目标的各类型目标、各层次目标相互关联，维持目标的整体性。同时，学生的发展需要是多方面的，教师应努力使学生在各个方面都有所发展。但是全面性并不等同于均衡性，全面发展也不是平均发展，而是全面中有重点的发展。

在核心素养背景下，历史教师也应将历史学科核心素养的五大方面视为一个整体，即学生在科学的历史观——唯物史观指导下，构建时空框架，掌握历史时空背景，通过对史料的阅读与分析，得出相应的历史结论，培养史料实证的意识与方法，形成一定的历史理解，提升历史解释水平，并在这个过程中实现情感的升华，形成一定的家国情怀。但是历史教师需要注意的是，不一定要面面俱到，可以结合学情与具体教学内容，主要聚焦于某个或某几个核心素养在一节课中的具体落实。

（二）坚持可操作性与可检测性统一的原则

教学目标需考虑学生的实际水平，满足学生的发展需要，能具体指导历史课堂教学活动，且目标结果应是可测量的。教学目标的可操作性要求目标的行为动词应避免是抽象的，如尽量避免使用"认识""理解"等较抽象的行为动词,可以用"指出""说出""概括""描述"等较具体的行为动词。否则,将不利于教学任务的明确和对教学结果的测量等。在历史教学中,关于可操作性与可检测性的统一,对认知类目标要求较为严格。而情感类目标虽然可以具体化,但往往很难测量,尤其是价值观目标。如"学习英雄人物的爱国主义精神,加深爱国情怀""增强社会责任感和道德意识",等等。这类目标也很难在一节课中落实,因此,是否应在教学目标表述中增加此类目标,仍存在争议。毕竟,虽然价值观类目标是一种中长期目标,但是如果没有每一节课的渗透培养,是不可能最终实现的,而此类目标又很难得到直观准确的测量。由此,追求课堂教学目标的可操作性与可检测性的同时,又需做到具体问题具体分析,允许价值观类这等隐性教学目标的存在。

二、掌握步骤,有序设计

课堂教学目标的设计是有一定的基本步骤的,高中历史教师们应当掌握这些步骤,设计出更科学可行的历史课堂教学目标。[1]

(一)精准解读课标,把握教学整体方向

教师在制定课堂教学目标时应首先详细解读高中历史新课标,它规定了高中历史教学的目的、任务、内容与基本要求等,教师应对历史教学的发展方向与总体要求有一定的了解。

在拟定课堂教学目标时,教师应对高中历史新课标中的"内容要求"进行解读。解读时注意剖析动词,明确具体要求。

(二)认真钻研教材,整合教学内容

一堂好的历史课需要教师对教材的全面深入的分析与掌握,并对教学内容进行优化整合。关于制定教学目标与进行教材分析的关系,有学者认为教科书不是拟定教学目标的依据,而是"教学目标设定后,教科书在教学内容的选择过程中才发挥它的作用"。有的学者则认为:"课程内容(包括教科书和其他课程资源)应当体现课程目标,并且影响着教学目标的制定,而非先有教学目标再去分析课程内容(教科书)"。笔者较倾向于后者的观点,高中历史教科书是在历史课程标准的指导下编写的,蕴含着历史

---

①朱日福. 基于核心素养的高中历史课堂教学设计与呈现研究[J]. 高考,2018(23):213.

学科核心素养。因此,教师在设计具体的课堂教学目标前,很有必要对教材进行准确全面的分析。

高中历史新教材的编写依据是高中历史新课标,教师在进行一节课的教材分析前,需以课程标准为基础,掌握教材的总体要求和整体内容结构,制定出本学期教学进度计划和单元教学目标。此外,教师还应具体分析新教材中体现的培养历史学科核心素养的编写特点,注意分析与设计课文辅助系统等在教学中的具体运用,尤其是每课中包含的图片和材料,它们是教材编写者根据课标,结合教学内容精心筛选而出的。历史教师应当充分地理解和把握教材,从而提出科学准确的教学目标,发挥好教科书应有的作用。

教师在对每课进行具体的教材分析时,注意是"用教材教"而不是"教教材"。可先超脱于教材,从历史的角度对本课涉及内容进行分析,从历史学家的角度分析把握这一时期社会发展的特征。之后,了解本课内容在整本教材中的地位和作用,分析本课内容在本单元中的前后联系。

(三)精心考虑学情,以学生为中心

学生是历史学习的主体,缺少学情分析的教学目标,仅仅是"空中楼阁"。教师在制定一节课的教学目标时需要把握好目标数量与目标达成难度。目标过多,超出学生接受程度,不仅会造成教学活动的紧迫感,教学效果也会大大降低。目标难度过大,超出大多学生能达到的水平,会打击学生学习历史的积极性,造成课堂气氛的低沉,大大不利于良好课堂教学效果的达成。要制定出数量合理、难度适中的课堂教学目标,教师们就必须了解学生,需要教师走近学生,真正了解所教学生的心理认知特点以及现有知识储备和经验基础。不同的班级、同一班级内的不同学生都存在着各自的学习风格与特点。不同学生对同一学习内容的兴趣也存在较大差异。这样的差异性也为课堂生成效果提供了更多的可能性。但是学生之前对某方面历史没有兴趣,不代表不能经过一定培养而产生对某历史教学内容的兴趣,为此,教师应积极提升自身的教学水平,丰富教学方法,培养与调动学生对即将所学课时内容的学习兴趣。

(四)有效整合目标,精确目标表述

关于课堂教学目标的表述,不得不涉及教学目标的书写格式的选择。

在历史学科核心素养目标下,笔者认为可以采用直接分条陈述教学目标的格式,可在每条后面点明所涉及的具体核心素养。基于核心素养的高中历史课堂教学目标设计强调对学生学科核心素养的培养,但这并不意味着不注重知识、技能、情感、态度等目标的体现,它们是实现历史学科核心素养的要素与重要路径。历史学科核心素养的五大方面没有强调历史知识目标,这并不是要弱化历史知识的地位与作用,毕竟其是历史学科核心素养的载体,核心素养的养成不能脱离知识的学习与掌握。历史教师不应脱离知识,空谈素养,这是对课程目标的曲解,在教学实践中也是极不合理的。教师应将知识、技能、情感、态度等领域的目标与五大核心素养相融合,根据课程内容、学生需求,有效整合教学目标,制定精简的课堂教学目标。

在表述教学目标时,笔者采用了为较多学者所认可的ABCD表述法。它们的含义分别是:A(Audience)即"行为主体",达成目标的行为主体是学生,目标表述时的主语应是学生;B(Behaviour)即"行为动词",应使用意义明确、易于操作与检测的行为动词;C(Conditions)即"行为条件",学习者的行为应在什么条件下产生;D(Degree)即"表现程度",指学生通过学习后所产生的行为变化的最低表现水准或学习水平。

三、以评促教,改善设计

教学目标是进行教学评价的重要依据,考试是进行教学测量与评价的重要方式,而学业质量是考试命题的重要依据,所以,教师在进行教学目标设计时不仅应精准把握历史学科核心素养水平划分,也应掌握学业质量水平,促进教、学、评的有机结合,以评促教,改善教学目标设计。

学业质量是高中历史新课标中以历史学科核心素养为纲,将高中历史具体教学目标划分为不同水平进而形成的学习成就的具体表现。学业质量将历史学科核心素养的五个方面分别定为四个等级,实际上是对历史学科核心素养水平划分的再细化,它的运用保证了基于核心素养的课程标准和教学与评价的一致性。高中历史学业水平合格性考试是全体普通高中生都要参加的考试,对应学业质量水平。等级性考试由学生自主选择,对应学业质量水平。历史学科学业质量对评价学生历史学科核心素养的达成程度具有重要意义,也有利于对教学目标进行评估反馈,指导教学目标设计的调整与改进。

通过对学生具体答题结果的分析,教师可以大体上掌握学生关于某一知识点的掌握程度,了解学生相应的核心素养发展水平,学生也可对自己所处发展水平有一定的判断。虽然这样的评价与判断不是完全准确的,有一定的偶然性因素,对于试题的选择与评分标准的制定,操作起来也有较大难度,但是这已能为评价课堂教学目标的达成效果以及目标的准确设计提供一定的标准与依据,促进教学目标设计的改善。教师也需在掌握历史学科核心素养内涵和水平划分以及学业质量的基础上,针对高中历史必修课程与选择性必修课程设计不同水平的教学目标。例如,针对唯物史观这一核心素养,教师在学生高一阶段时可以偏重借助历史事件与现象,引导其逐渐理解与掌握唯物史观的基本观点与方法。在学生处于高二尤其是高三阶段时,应重视培养与提升学生对于唯物史观的具体运用能力和水平。

四、提高素养,深化设计

核心素养引领下,有的教师在设计教学目标时,直接书写"形成唯物史观",不仅违背可操作性和可检测性的原则,也反映了教师自身对历史学科核心素养的把握水平较低。为了帮助学生更好地发展历史学科核心素养,首先历史教师应该注重自己核心素养的发展。除了历史学科核心素养之外,作为历史教师还应自觉提升自身各方面的素养,如教育教学理论素养、社会素养,等等。

关于教育教学理论素养,历史教师不能只局限于历史教学实践层面能力的提升,因为缺乏相关理论的指导,教师的教育教学水平即使有提升也十分有限。历史教师应积极学习有关教育类的讲座,掌握历史教育发展整体动态。阅读教育学、教育心理学等教育类专业书籍,学习国内外有关历史课堂教学目标设计的案例与理论,不断补充完善自己教育理论的相关知识体系,更新教育观念。

关于教师的社会素养,它是指"教师应当具备的对于传统、社会、国家、民族、人类未来等的观点、态度和价值观"。教师和学生都是社会中的人,应当面向社会现实,提高自身对社会、国家、民族的人文关怀和责任意识,能够积极展望人类的美好未来并愿为之奋斗。教师在历代都是社会道德的典范,是社会文化的使者。高中学生具有可塑性和较强的向师性,教师的道德认知与相应的行为也会影响学生的言行,使其发生一定的改变。教师不仅应言传,还应身教。历史教师自身的良好的社会素养有利于情感与价值观类目标的设计与实施,这不仅会有利于对学生家国情怀核心素养的培养,也会有利于历史课程"立德树人"的根本任务的实现。

总之,核心素养引领下,历史教师应遵循课堂教学目标设计的具体原则,掌握设计的基本步骤,设计出规范、简约、可操作、可测量的高中历史课堂教学目标。同时历史教师应注意以评促教,把握历史学科核心素养的具体内涵和水平划分,参考学生学业质量要求,逐步改善高中历史课堂教学目标设计。教师还应树立终身学习的意识,不断提升自身的综合素养,针对学生的具体发展水平,循序渐进地培养与提高学生的历史学科核心素养。

第三节 高中历史课堂教学目标设计中需注意的问题

一、注意初高中历史教学的有效衔接

历史教师在设计高中历史课堂教学目标时,应注意初高中历史教学的有效衔接。初高中历史教学衔接是历史教学发展的需要,高中历史教师与初中历史教师应多多进行沟通交流,了解各自的历史教学实际情况,彼此之间相互听课,加强互动,对比两者之间的具体差异。从初中历史课程标准来看,当前初中历史课程目标仍是"知识与能力""过程与方法""情感·态度·价值观"的三维目标,故大部分初中历史教师仍从"三维"角度的进行课堂教学目标设计。但也有部分初中历史教师跳出了三维目标的框架,尝试探索学科核心素养在初中历史教学中的落实。其实,三维目标本身只是课程目标,不等同于具体的初中历史课堂教学目标,没有必要完全以"三维"的方式进行表述。机械按照"三维"进行目标表述的行为本身就是对初中历史课标的错误解读,造成知识、技能、情感等目标的割裂。在学生核心素养发展的大背景下,从知识、技能、情感等领域去落实学科核心素养,设计初中、高中的历史课堂教学目标是进行初高中历史教学衔接的有效方法。高中历史教师应有意识地利用这种发展趋势,了解每课教学内容对应的初中历史教学目标,进而深入地了解学情,有针对性地提升自身历史教学水平,科学地进行历史学科核心素养的培养。

此外,由教育部组织统一编写的初中历史教科书与高中历史教科书逐渐在全国统一使用,这就为初高中历史教学的有效衔接提供了更大的可能性。在核心素养导向下,历史教师应充分考虑历史学科本质和学生发展规律,站在中学历史教育研究的整体来开展教学目标设计。这种"两段一师,同课异构"的做法为初高中历史衔接尤其是教学目标的衔接提供了重要的实践参考依据。对于同一内容的教学目标设计,初中阶段更注重学生对知识的识记与理解,高中阶段更偏重学生历史思维与运用能力的提升。历史教师可以运用"最近发展区"的原理,通过"逆向教学设计"实现学生的深度学习。历史教师应以历史学科核心素养为强力黏合剂,在高中历史课堂教学目标设计时注意初高中历史教学的有效衔接。

二、注意目标预设与生成的有机结合

教师在进行课堂教学目标设计时,往往容易过于关注教学目标的预设,认为其全部先于教学活动而最终确定。其实课堂教学目标不仅有预设性的教学目标,也有生成性的教学目标。预设性高中历史课堂教学目标的基础是教师对高中历史课标、历史教材、所教高中班级及其学生的学情和具体教学环境的了解和把握。但是毕竟预设性课堂教学目标是在教师进行实际课堂教学之前设计的,一般情况下,无法准确估计具体课堂教学中发生的种种复杂情况,存在一定程度的偏差,教师缺乏对教学情境的完整把握,这促使教师在设计教学目标时往往只聚焦一点而不计其余。若以这样的教学目标指导课堂教学活动,容易使教学活动的关注点单一,造成教学活动的非正常发展,教学效果也会大打折扣。除此之外,有学者也认为过于注重预设性课堂教学目标,容易使教师只关注预设目标的达成,而忽略教学目标的即时更新。

随着历史课程改革的深入发展,合作学习、探究学习等学习方式得到大力提倡,师生互动程度大大增强,这也使得课堂教学中有了更多生成的教学资源。一节好的历史课也应该是有生成性的课,体现学生的参与和思考。尤其是历史课涉及的内容纷繁复杂,在实际教学中会有师生间、生生间的真情实感的交流和智慧的碰撞。当学生在课堂上提出了不同甚至相反的意见时,历史教师应如何把握与利用课堂上这种即时出现的生成性教学资源? 教师完全可以利用教育机制,将其进行转化,纳入目标体系,促进学生历史思维水平的提升。相比之下,完全预设的教学目标则会使得教师难以发现或利用这些教育资源,促使教师对课堂教学活动中发生的即时事件进行简单化、僵化处理。而生成性教学目标则有利于大大弥补这一明显缺陷。教学目标由静态到动态的生成与发展,有利于教师更好地调控课堂,利于课堂教学目标效果的良好实现。

高中课堂教学目标的预设与生成并不是对立与割裂的关系,而是应当相互依赖且同时并存于历史课堂教学过程中。与预设性教学目标的侧重点在于预期的学习结果不同,生成性教学目标更关注的是实际的教学过程。教师在设计高中课堂教学目标时应考虑给予其一定的弹性,进而为教学目标的生成留下空间。教师应重视与努力实现教学目标由静态到动态的发展,这也有利于教师进行及时反思,完善教学目标,优化教学过程。[①]

三、注意"变"与"不变"的合理把握

在学科核心素养培养的浪潮下,教师在设计高中历史课堂教学目标时应当合理把握"变"与"不变"——知道什么应"变",从而积极顺应;了解什么不必且不能"变",从而予以坚守。

教师对于历史课程功能的认识应当随着课程改革的深入而改变。教师应以"立德树人"作为历史课程的根本任务,改变过于注重历史知识传授的倾向,培养与提升学生的历史学科核心素养。然而,有些历史教师并不能很好地接受新的历史课程目标,仍然沿用之前的教学设计,在表述课堂教学目标时可能会为了顺应历史课程改革,在原有教学目标的基础上增添上"培养唯物史观素养""形成史料实证意识"等字句,但只是流于形式。在学生核心素养发展背景下,教师应为了每一位学生的全面、个性化发展,提升自身的教育教学理论与实践水平,及时更新教育观念,充分认识到课堂教学目标的重要作用,注重学生历史学科核心素养的培养。在应该变时,不仅要变,而且要尽快地变。

对于此前"三维"式目标的合理化陈述,则无须完全改变。教师不能为了顺应核心素养培养的潮流,而一味地否定之前的"三维"目标,视其为应该批判的糟粕,认为核心素养才是真正唯一正确的选择。其实"三维"目

---

①王彩霞. 高中历史课堂教学目标设计探究——以人民版历史必修1第七单元为例[D]. 呼和浩特:内蒙古师范大学,2010.

标也是核心素养培养的路径与桥梁,强调核心素养不等于对"三维"式目标的全部否定。教师可以继续尝试在"三维"的思维方式下去考虑核心素养在高中历史课堂教学中的真正"落地"。当然,在运用"三维"目标时,教师应当注意,"过程与方法"类目标中,应当偏重历史学习方法目标,而非过程目标,其实在拟定知识、技能等目标时,就已经渗透着"过程"的内容了。

对历史学科知识的重要性和学生的主体地位的认识,不但不能改变,而且要随着课程改革的深入继续加以研究。不管是三维目标时代还是核心素养时代,学生都是历史学习的主体,高中历史教师在进行教学目标设计时应注意从学生学习的角度出发。教学目标是为教学服务的,应当是有利于指导教学的,所以,教师在设计课堂教学目标时应注意拟定简约实效的教学目标,不宜过于烦琐、费心费时。此外,教师不应过于盲目地追求历史学科核心素养,而忽视了历史知识的具体落实。历史知识是核心素养的载体,它的作用不容忽视,其地位也不应被降低。

第四章 高中历史教学中的学情分析设计

第一节 学情分析的概念与理论

一、学情分析的概念和内容

(一)"学情分析"的概念

"学情分析"属于国内的一种说法,在西方其术语一般称为"分析学习者""分析学习者的特征"和"分析教学对象"。学情分析的内涵在学术界尚未有统一的定论,不同的学者对它有不同的理解,但是无论基于哪方面的理解,"学生"和"学习"都是"学情分析"的核心概念。广义的学情分析是指"分析学生情况",从这个内涵来看,只要涉及与学生情况相关的因素都需要斟酌和分析,包括学生的心理变化,身体成长、个体情感等因素都要考虑在内。狭义的"学情分析"是指"学生学习情况的分析",在高中教学中,学情分析的角度只需要考虑与学生学习有关的因素即可,即教师为了开展有效教学而对影响学生学习的要素进行捕捉、理解,并整合的教学行为,本书里所提到的"学情分析"就是狭义上的概念。就课时备课中的学情分析这个概念而言,国外专家认为学情分析是指分析学生生理特征、认知特点、情感需要以及社会性特征等方面特征。国内的学者则认为,在课时备课中,学情分析是指课前分析学生与学习相关的生理、情感、认知等一般特征,了解学生与本课相关的知识储备、技能水平和情感态度,明确学生学习起点和教师教学起点。课时备课中的学情分析,就是指在课时备课过程中对学生情况进行分析。

(二)"学情分析"的内容

1.学习者的特征

在学情分析过程中,对于学习者特征的分析需要从以下几方面:一是分析学生的认知特征。教师在教学过程中，需要了解学生的一般能力和特殊能力，掌握学生的认知发展水平，明确学生的认知风格和学习策略。二是分析学生的生理特征，了解学生的年龄组成情况和整体健康状态，大致了解学生的感知觉情况。三是分析学生的情感特征，学生对教学内容是否产生兴趣，学习动机和学习态度如何，学生在学习过程中是否充满信念，抑或是容易焦虑，学生本身对知识的感知情况和经验是怎样的，都是学生的情感特征。四是分析学生的社会性特征，学生最原始的社会性特征就是家庭背景，因此教师需要了解学生家庭情况，与此同时还需要了解学生的同伴关系情况，以及学生在学习过程中是合作还是竞争倾向，学生对于权威持有什么态度。学生的认知特征、生理特征、情感特征和社会性特征基本上构成了学习者的特征，在学情分析过程中，就需要从这四方面着手，四方面的因素是互相关联的，不可割裂。

2.学情分析内容的系统分类

在学校课堂教学过程中，根据教学的层级划分，对于学情分析的内容，可以划分为：学期学情分析、单元学情分析、课时学情分析。这种划分方式是将学情置于班级的范围内，在这个范围内，从学期、单元、课时整个分析的内容逐渐细致，全面地分析学情。

(1)学期学情分析

以学期作为学情分析的跨度，在这个范围内，所分析的是相对稳定的学情因素，因此这是一种静态的学情分析，它主要是为课时分配和进度安排提供依据。在学期学情分析过程中，以班级为单位，侧重分析学生的共性，即一般特征。学期学情分析的主要变量有学业水平、班级人员特征、认知发展水平、学习方式、情感发展特征、学习动机和学习态度。学业水平的高低会影响到课时安排和教学进度，因此学业水平是学期学情分析的重点因素。对于学业水平的分析可以根据过去的经验，回忆反思，这适用于老生，对于新生学业水平的分析，还需要查阅历史成绩，进行分析。教师掌握班级人员情况，通过直接统计和查阅班级班名册，可以基本了解班级人员组成情况，有助于日常的教学组织管理。在学期学情分析过程中，认知发展水平是以班级整体为单位，这个时候对于个人的认知发展水平不做特殊讨论。教师可查阅相关教育学方面的书籍，分析本班级的认知水平，实施与学情相适应的教学策略。对学生学习方式、情感发展特征、学习动机和学习态度的了解,教师可通过在班级进行调查和谈话的方式,或者在日常的学习生活中观察,确定教学的基本方法和师生之间的互动方式。这是学期学情分析的重要因素,这些因素都是相对稳定,不需要频繁分析的,但学期学情分析的作用不可小觑,它能为一个学期的教学计划提供教学依据。

(2)单元学情分析

从教学内容的组成来说,单元是教学内容组成的基本单位,单元学情分析相较于学期学情分析,范围缩小了,单元学情随着单元内容的变化而呈现出不同的特征,单元学情分析具有动态性。单元学情分析主要是整体把握学生对这一单元的预备技能、基本态度和通过这单元的学习学生能获得什么程度的成长,它为这一单元的教学设计提供依据。单元的教学设计主要是确定单元教学目标、重难点、教学策略以及课时的分配。今天的教学不再是"教教材",而是"用教材教",教师需要利用好教材,对于教材的运用还需要根据学情进行重组和调整,对于单元教材的整合需要哪些学情作为支撑呢? 学习者的单元预备技能和学习者的基本学习态度可以提供支撑。单元预备技能就是指对学生单元的起点状态,即学生在进入单元的学习中,是否已经具备了与本单元学习相关的知识和技能,这将影响开展课时学习的进度。对于单元预备技能的分析,可以通过经验预测和测试预测,经验预测是指教师根据以往的教学经验大致掌握学生的起点状态,这种方法省事,但是不太科学;测试预测可以分为前测和后测,前测是在单元的学习之前,教师编制好测试,后测就是指在单元学习结束后再测试,不仅可以了解学生预备技能,还可以为教学反思提供依据,这种测试的方法比较科学,准确性高。另外一个影响单元学情分析的是学生对于本单元的学习态度,是否感兴趣,是否存在畏难的心态,这都需要教师在进入单元教学之前把握学情。单元学情分析在学情分析和课时学情分析之间,起着过渡的作用,它基于学期的学情分析为单元教学设计提供依据,同时帮助课时学情分析的细致开展。[①]

(3)课时学情分析

课时学情分析是指在课时备课中对学生情况的分析,课时学情分析所涉及的因素复杂,具有动态性,以及在教学中具有实践意义,因此课时学

---

①孟秋婉. 高中历史教学中的学情分析研究[D]. 大连:辽宁师范大学,2019.

情分析是层级学情分析中的重点和难点。在课时学情分析过程中,要把握学生对于这一课时的学习是否具备相应的知识和技能,明确学生前在状态,才能够在教学过程中,以学生的所储备的知识和技能作为先行组织者,采取合适的教学策略,帮助学生减轻学习的阻力。对于学生的动机情况也是在课时学情分析中需要注意的,教师可以通过交谈和调查的方式了解学生对这一课时的基本态度,在教学过程中,让学生体会历史教学的魅力,学生在学习过程中能够主动参与,乐在其中,有所收获。在课时学情分析过程中,教师还要注意,即使是同一课时,也要根据班级的学情而调整教学设计,教师容易犯学情分析泛化处理的错误,把一个年级的学生的前在和潜在状态都置于同一水平,使用同一个教学设计完成一个课时的内容,这是不正确的,同一课时不同的班级,学情不同,教学设计就要依据学生情况调整,与学生认知水平相适应。课时的学情分析还包括实施教学后对学生情况的掌握,课时教学的结束,不代表这一课时已经不需要教师的参与了,在教学之后,学生的知识和技能与课前相比有什么差距,学生对这一课的学习内容是否有新的理解,教师可以采取课后作业或者课后与学生交流,深入了解学生课后的基本情况。课时学情分析实际上是包含课前、课中、课后学情分析这三个环节,课前学情分析有助于课中教学的顺利展开,提高教学效率。课中的学情分析是对课前学情分析的延展,它是动态生成的,因此需要教师灵活应对。课后学情分析是对课前、课后学情分析的补充,是教师进行教学反思和帮助下一次教学有效开展的依据。

3.高中历史课时备课学情分析的内容

在高中历史教学中,学情分析贯穿于课前、课中、课后整个教学过程。课前学情分析包括对课堂教学现实起点分析和课堂教学可能起点分析,它有助于教师把控课时目标,设置重难点,选取难度适中的教学材料,安排好教学流程结构,调整好课堂节奏。但是,再好的教学设计都只是课堂教学的预设,课堂教学无法复制备课预设,备课也无法演练真实的课堂。教学的最终效果是由教学过程中学生的具体状态和教师当即的应对方式决定的。课前学情分析确实为教学设计提供依据,但是它仍然无法完美预测教学过程中所有的可能性。这就要求教师在教学过程中善于观察学生的学习状态,巧妙地做出相应的调整和变动。学生在课堂中的学习状态和反应的行为信息,其实就是一种"即时学情"它是课堂教学效果最直接的反馈。在课时学情分析过程中,课堂教学的结束并不意味着学情分析的终结,相反,教师更要注重课堂结束后学生的基本情况。课后的学情分析是学情分析的重要环节,是教师对课前备课和课堂教学过程中回顾与总结,帮助教师在接下来的教学过程中扬长避短,提高教学质量。本文所谈的是课前学情分析,即课时备课中的学情分析。

(1)分析课堂教学的现实起点。一方面,分析学生的认知状态。学生在学习新知识的时候,他们并不是空着脑袋走进课堂的,学习新知识是在原有的知识和技能基础上,进一步对新知识理解和加工而获得的,良好的认知准备为新旧知识的连接搭建了桥梁。对于学生认知状态的分析,传统的教学一般根据经验和感受得出结论,随着社会的发展和学生获取信息渠道的多元化,学生现实起点比过去更加复杂,因此需要教师采取科学的方法进行获取学生的真实状态。教师可以通过对学生实际状况进行测试,但是一定要注意测试不是对学生所有的知识技能、生活经验和真实需求进行刨根问底,而是确保测试的范围是与本课学习内容相关的。测试的方法主要有访谈法、问卷法、师生共同备课法、课前预习卡、学生提问法,具体采用什么方法教师可酌情处理。对学生认知状态的分析,才能明确学生的学习起点和教师的教学起点,在学生的现实起点和可能发展水平之间架构桥梁。另一方面,课堂教学现实起点的分析还需要分析学生情感准备。学情分析的最终目的是"育主动发展的人",学习的最佳状态不是在外界奖励的诱惑和惩罚的胁迫下进行的,而是学生在学习过程中获得乐趣、价值认同或者成就感,即学生发自内心享受学习带来的滋养,也愿意承担学习过程中的辛苦。这就涉及学生的学习动机,学生的学习动机来源于学生对学习新知识的情感态度。学生对新知识的情感准备,主要体现在学习动机,学习动机会影响学生的努力程度,以及在遇到困难时学生试图克服困难的程度。在分析学生的情感准备中,着重分析学生的学习动机。对于学习动机的分析,是教学过程中不可或缺的环节。学生动机的分析是比较困难的,教师只有深入学生群体,通过交流、访谈,结合相关的教育书籍,才能最大程度了解学生的学习动机。在课前学情分析过程中,对于课堂现实起点的分析,教师需要尊重学生真实的认知状态和情感准备,才能保证教学质量。

(2)课时备课学情分析的准确性离不开对课堂教学的可能起点分析,

在这部分,着重分析教材,包括课程内容、教材内容与教学内容的辨析。对教材的解读与分析,帮助教师在教学内容和学生已有的知识和技能基础上建立有机的联系,为学生现实水平和潜在状态之间架起了桥梁。我们可以清楚地了解,对课堂现实起点分析和可能起点的分析构成了课时备课学情分析,二者结合,帮助学生在现有水平和可能发展达到的水平之间架构桥梁,促进学生的真实发展。

第二节 高中历史课时备课学情分析的现状与问题

一、访谈设计

为了使本次课题的研究更具有实践意义,笔者本文将采用访谈法进行研究,对不同学校、不同执教年龄的教师进行访谈,在访谈过程中,通过询问和交谈,更加详细地了解教师对于课时备课中学情分析的认识。

二、访谈问卷设计与方案实施

(一)访谈内容设计

本书的访谈根据问题的内容可以分为四个部分。第一个部分主要是针对课时备课中的"关注点"对教师进行了访谈,目的在于了解教师对教师在备课过程中认为哪些因素对课堂教学和学生的发展影响比较重要。第二部分主要是针对教师在教学中,把学情分析放在哪个层级进行了访谈,该部分通过对教师学情分析的认识,和侧重的层级进行访谈。第三部分针对是教师在学情分析过程中的做法进行访谈,通过教师分析学情的方法,了解学情分析的结果是否严谨、科学。第四部分讨论了教师在了解学情的情况下如何调整教学与学情相适配,该部分主要研究教师在面对不同学情时的教学反应如何。对教师的访谈是研究高中历史课时备课中学情分析情况最直接的方法,是为了进一步了解一线教师对学情分析的认识和处理方式,访谈提纲是在参考相关文献及导师意见的基础之上确定的。

(二)访谈对象选择

访谈对象主要是广西南宁市区重点、示范性、非示范性高中历史教师,每一层级的高中选择一所学校,每个学校分别选取不同教龄的教师进行访谈,执教年龄设置为10年之内、10年至20年、20年以上,本次共访谈9位高中历史教师。

(三)访谈的方式

本研究主要采取正式访谈和非正式访谈两种方式对三所中学的历史教师进行访谈。正式访谈是指在与教师交流的过程中,研究者基本上保持开放式的谈话态度,但是访谈的方式比较正式的、目的性非常明确,所提出的问题是围绕学情分析为焦点的,在正式访谈中,研究者依据访谈设计中的提纲问题或进一步延伸出与访谈焦点相关的问题,以达到在访谈过程中获取的信息是有效益的。非正式访谈是指类似于日常交流的谈话,在访谈过程中的双方谈论比较自由,以访谈主题为中心,谈话的方式自由,谈话的内容发散,访谈者与被访谈者之间不局限提问的对象,被访谈者也可以对访谈者进行提问,在比较轻松的氛围下获得访谈的成果。

(四)访谈记录的方式

在进行访谈之前,征求了被访谈对象的同意,对访谈全程进行录音,在访谈结束之后,及时做好文字记录,整理出与论题相关的信息,访谈记录的内容主要包括,访谈时间、访谈对象、访谈主题等。

三、问题与原因分析

(一)高中历史课时备课学情分析存在的问题

1.忽视学情分析

就备课时教师的关注因素,重点高中的不同教龄教师代表基本上涉及对学情的分析,示范性高中的不同教龄教师代表强调教学重难点,稍微提到教学的趣味性,但备课时忽略学生的主体地位的,忽视学情分析。非示范性高中的教师代表只有教龄20年以上的教师代表在备课时进行学情分析,其他两位老师还是比较注重课本知识。从访谈的结果可知,这些教师基本代表一线教师备课时的常态,即使新课程改革一直呼吁关注学生需要,因材施教,但是在实际教学操作中,教师最担心还是教学内容有没有完成,重难点有没有落实,还是处于新手教师的阶段,关注自身的任务完成情况,一味地输出,忽略了在教学过程中,学生处于主体地位,忽视分析学生的认知状态、情感特征和社会性特征等个性特点,这样的教学无疑是低效的。

2.泛化学情分析的内容

就学情分析的方法来看,重点高中的不同教龄教师代表还是偏向于课堂上的观察,示范性高中不同教龄教师代表根据经验和理论进行学情分析,非示范性高中不同教龄教师代表偏向于作业或者考试情况分析学情。即使不同教龄的教师代表肯定学情分析的重要性,以及强调在教学过程中很注重课前学情分析,但是在实际教学中,进行学情分析时的做法很单调,强调在课堂通过观察学生的状态分析学情,依据经验和理论分析学情,抑或是用作业和测试的方法分析学情,无论是课堂观察、理论结合实践、测试反馈等这些方法,对于每个鲜活的个体来说,都显得苍白无力。教师代表们分析学情的方法只能停留在浅显的表面,对学生真实情况的分析是空洞又抽象的。在这种情况下,即使再强调学情分析的重要性,在实际操作中,教师代表们还是将学情分析束之高阁,所了解的学情也只是冰山一角。

3.没有利用好学情分析的结果

就学情分析的应对措施来说,重点高中的不同教龄教师代表运用的方法灵活多样,示范性高中不同教龄教师代表主要通过调整教学方法、教学材料和课件适应学情,非示范性高中不同教龄教师代表做法比较笼统,比较倾向于调整重难点和表达方式。从访谈结果来看,其实教师代表们对学情分析是胸有成竹的,他们认为凭着丰富的理论知识或者多年的教学经验,不需要特地花时间在某一个环节进行学情分析。对于学情分析得到的反馈,不同层级的教师代表应对的方法不同。总的来说,重点中学的教师代表分别谈到课前、课中、课后对学情分析结果的处理办法,课前根据学情调整教学目标和重难点,课中观察学生的具体困难,对于知识结论和思维培养不同情况,处理方式不同,课后通过作业调整,保证教学的质量。这些做法具有借鉴意义。但是示范性高中和非示范性高中教师的做法其实代表一个大群体的做法。对于学情分析的结果,他们的应对措施是笼统的,就访谈的结果分析,即使教师代表们明白学生的认知状态、情感特征和社会性特征和以往的教学不同,教师代表们最担心的还是教学材料和课件的运用。说明教师代表们无论教龄多少,其实还是关注自我阶段和生存阶段,没有认识到学情分析的重要性,更没有利用好学情分析的结果,调整教学与学生适配。

（二）高中历史课时备课学情分析存在问题的原因

1.缺乏学情分析的概念

依据访谈结果分析，教师还是过于关注教师的教，忽视学生的学。问及教师在备课时关注的因素时，还是传统教学的"老四样"：教学目标、教学重难点、教学方法和教学过程，即使谈及学情分析，但在实际操作过程中还是把它放在"老四样"的后面。课堂的重点仍然提留在知识传递的表面，教师依然主导教学过程和控制学生的行为。

这种教学的特征就是：教师把传授知识当成最重要的目标，完成教材内容的学习和保证教学过程的顺利进行，是教师备课的重心，课堂教学过程是按照教案设计执行的，学生就是配合教师完成教案的角色。从教学设计到教学过程的实施，学生就像是一个容器，教师将尽可能往容器投掷各种材料，没有考虑到学生学习需要和学生是否能消化，可见高中历史教师学情分析观念是非常淡薄的。深究其原因，首先是这些教师尤其是老教师，在他们接受师范教育和实践理论的时候，很少涉及"学情分析"这一理念，这个概念的提出是近十年的事情。其次，教师们的成长途径主要是通过观摩优质课或跟随老教师学习，这些途径没有及时了解新的教育教学理念，不理解学情分析的概念，造成对学情分析的忽视。

2.缺乏学情分析的方法

真正有效的学情分析应该是细致的、多元的、有深度的。教师的成长阶段大致要经历关注自我阶段、关注生存阶段、关注学生阶段，这是从新手教师成长为专业型教师的基本过程。因此新手教师要真正成长为关注学情分析的阶段还需要花费几年的时间。这是新手教师缺乏学情分析方法的主观因素。客观因素上，新手教师一般需要承担班主任工作，精力和时间有限，导致学情分析的方法只停留在浅显的位置。对于老教师来说，他们已经具备丰富的教学经验，面对复杂的学情，他们习惯于用多年的经验下定论，而不是用系统科学的方法。学情涉及的因素是复杂、多元和动态的，需要教师花费很多时间和精力，这些问题会使历史教师望而却步，不敢直面复杂的学情，更不必说在教学过程中对学生情况进行系统而科学的分析了。除了以上谈到的原因，还有一点是老教师和新教师都在学情分析中遇到的方法误区：只注重学生的共性分析，忽视学生的个性分析。不同的学生所处的家庭背景和社会环境的差异,导致他们在知识、技能、情感、动机等方面有很大的差异,这些差异决定了他们对学习的需求是不一样的。面对学生的差异,教师们手足无措,缺乏学情分析的方法。

3.缺乏学情分析的运用能力

新一轮课程改革提出教师的教学要把课堂还给学生,面向全体学生、促进全体学生的全面发展。教师要提高教学效率,只有关注学生,了解学生的学习需要。学情分析是了解学生最有效的途径,也是有效教学的基础。教师做好学情分析,可以运用学情调整教学目标、重难点、内容等,做到有的放矢,教学不再是空中楼阁,教师的"教"有效地服务于学生的"学",符合学生的真实学习需要。学情分析是有效教学的基础,教师可以通过学情分析的结果,调整教学目标确定教学的重难点;通过学情分析掌握的信息,调整教学相应对策和具体方法。教师没有利用好学情分析的结果,一方面是因为当他们进行学情分析的环节,往往根据教学经验和查阅现在已有关于学情分析的理论文献,所分析出来的结果很不完善的、笼统的、抽象的表述。另一方面真正进行学情分析时,教师们也讲了一些学情分析的"大道理",但究竟学情分析应该分析什么内容,应该怎么操作,缺乏科学的指导原则,缺乏明确理论指导,缺乏系统的分析方法,不能有效的指导实践。除此之外,在来自一些一线教师的教学实录或者相关经验总结里,大多数为案例分析,没有形成系统的理论,教师只能学得"一招半式",表面的招式缺乏普遍的迁移性。近些年教育部门开始强调学情分析的重要性,系统的学情分析方法和运用的理论和实践还是比较少的,这种种原因综合起来,也就自然的造成广大高中历史教师运用学情分析的知识能力缺乏的现状。最后,学情具有的复杂性和动态性,无论是对新教师还是老教师来说都是一个挑战,即使教师能够进行学情分析,认识到学情分析的必要性,但高中历史老师心有余而力不足,能力欠缺是学情分析结果运用缺失与"不良"的重要成因。

第三节 高中历史课堂学情分析备课设计

一、学情分析应遵循的原则

（一）发展性原则

发展性原则指的是在教学过程中，一方面要求学生不仅要掌握科学文化知识，培养技能和品质，还要求学生在人生的发展过程中学会转化内在的矛盾促进自身能动地发展，培养他们学习新知识和掌握新技能，能够根据社会发展动态调整自身的步伐。另一方面教师的教学行为要与学生的身心发展状态相匹配，遵循学生的认识规律，在进行教学的过程中，要根据学生情况来选择教学内容、教学方法和学习方式等。发展性原则是新科技革命和信息大爆炸的需要，教学不仅可以建立在学生已经达到的知识和技能基础上，还可以使教学走在发展的前面，使教学贴近学生的最近发展区。高效地教学应该走在发展的前面，刺激学生学习动机，教师适当加大教学的难度和提升教学的速度，设置有层次的教学目标，培养学生的自学能力，促进学生能动发展。总而言之，近现代的发展性原则反映了对人类认识水平的要求。在课时备课的过程中更是要遵循学生的身心发展规律，教学内容的整合过程中，要考虑学生的接受能力和可能达到的水平，教具准备和教学方法的选取，符合学生的认知、和操作水平，由此才能基于学生的基本情况，促进学生获得真正意义上的成长。

（二）系统性原则

系统性原则是教学原则之一，系统性原则强调教学的有序、连贯和完整。《学记》是世界上第一篇论述教育的文章，里面中对于教学的原则提到"杂施而不孙，则坏乱而不修"，强调教育的成功需要循序渐进，不仅需要考虑学生认识发展的顺序，还需要遵循教学内容内在的逻辑顺序。在课时备课中的学情分析，要遵循系统性原则，既要考虑学生的认识活动是有顺序的，学生的智力水平和学习能力也是由低到高的反复最终不断提升的过程，也要认识到学情分析的过程中，所选取和整合进行教学的内容也有其逻辑顺序，不可逆向而行。因此在学情分析的过程中，遵循这一原则，整合的学习内容、安排的学习活动都要与学生的认识活动和智力水平、学习能力协调,坚持以学科知识体系为主导,切合学生的具体情况,制定教学设计。

(三)以学生为主体原则

学生主体性原则是指在教学过程中,正确认识学生的主体性地位,使教学活动的安排、教学内容的难易程度、教学方法适配学生的认知水平和智慧技能。主体性原则源自西方哲学,马克思认为主体性原则是人对自身及世界的改造,世界是从人的尺度来把握万物的尺度,这一论断与唯心主义有本质的区别,它是基于客观事物的客观性的主体原则,强调人的主体和发展。教育的目的在于培养具有主体意识和具有能动性、创造性的人才,即"育主动发展的人"。以学生为主体原则具有三方面的含义:第一,培养学生的主人翁意识,在教学过程中学生并不是教学的实施对象,而是教学的主体对象,在教学中处于主体地位,承担主体责任,进行主体活动,学生的主体意识是学生获得能动发展的基础,也是有效教学的先决条件。第二,发展学生的主体能力,学生在学校学习到的文化知识不是用来应对考试,它的根本作用是使学生将知识转化为能力的骨骼和肌肉,为社会的发展贡献自己的力量,实现社会和自我价值。主体能力是学生融入社会、驾驭世界的内在能力。第三,塑造学生的主体人格,传统的教学一味地强调知识本位,在考试机制的压力下,学生变成了考试机器,教育不只是传授知识,教育还需要承担起教化学生,培养学生健康的人格,学习和德育不是平行线,它们可以交汇、融合,给予学生均衡的滋养。坚持以学生为主体的原则,需要在课时备课过程中,教师要有准确的定位,教学活动和行为应当遵循学生的身心发展规律,及时与学生交流,接收学生的反馈信息,灵活地调整教学策略,使教学能够成为助力学生主体能力发展的地基,成为培养学生主体意识的介质,成为塑造学生主体人格的养分。

(四)理论联系实际原则

理论联系实际原则是教学原则之一,强调在教学过程中,用理论指导实践,用实践检验理论,教学避免空谈大论,使学生掌握知识和发展能力相结合。教学过程中,理论联系实际原则是教学原则的主导性原则,教学根据辩证唯物主义认识论,学生的认识过程,在实践的基础上由直接经验到间接经验,由具体思维到抽象思维的路线进行的,通过理论和实际的结合,使学生获得系统的科学文化知识的同时,又拥有将所学知识运用于工作生活中,解决问题的能力。在课时备课中,遵循理论联系实际的原则,最重要的是处理好教学内容与实际生活的关系,保证学生学习理论知识的质量,与此同时,在理论的指导下进行实际活动的操作,增长社会阅历。在分析学情的过程中,整合教学内容要考虑这些理论知识能够给学生带来哪方面的能量,制定的教学目标是否符合学生的实际情况,选择的教学方法是否适合学生的认知水平,适当地补充乡土教材,正确处理学习理论知识与掌握实际能力的关系。

二、明确课时备课学情分析的内容

(一)分析学生的一般特征

在课时备课中,了解学生的一般特征,能够帮助教师掌握学生的基本情况,预估历史课堂上学生整体的表现。从宏观的角度观察,学生的一般特征过于宽泛,在本书中,只探讨学生与高中历史学习相关的一般特征。

学习者特征的四个分类是认知的、生理的、情感的、社会的四个维度。一是学生的认知特征:一方面是指学生的一般特征,即学生的一般能力、特殊能力、认知发展水平、语言水平、阅读水平、从图例中获得信息的视觉素养水平、认知加工风格、认知和学习策略、常识,另一方面是指学生特定的先行知识。二是学生的生理特征,包括年龄,整体健康状态、感知觉特征。三是学生的情感特征,即学生在学习过程中的兴趣、动机、态度对成功的归因等方面。四是社会性特征,包括学生的同伴关系、对权威的态度、合作或竞争趋向、社会经济背景、榜样力量等。以上介绍了分析学生一般特征的基本范畴,如果具体到学科和真实的学习对象,可以酌情进行分析。[①]

学生的一般特征会影响历史教师在教学设计中对于教学内容的组织,教学方法的商榷,教学媒体的斟酌以及教学组织形式的选择与应用,可见在高中历史课时备课中,学生一般特征对于整个历史课堂把控的重要性不言而喻。

---

① 张星星. 高中历史教学中学情分析的现状和方法[J]. 高考,2019(5):61

（二）分析学生的前在状态

学生的前在状态是指学生在进行新课学习时学生已有的知识储备、技能水平和情感态度价值观等真实而具体的状态。学生的前在状态既是教师的教学起点，也是学生之后获得发展的参考。学生已有的知识能力和经验基础，是学生进入新课学习的真实情况，这些前在的状况是教学得以有效展开的基础资源。在杜威看来，经验包含一个主动的因素和一个被动的因素。就主动因素来说，经验需要大胆尝试；就被动因素来看，尝试经验需要承担结果。人与事物、环境之间相互作用，相互影响，构成了一种特殊的结合。举个例子，如果一个孩子把手伸进火堆，这个行为不是经验，当孩子伸向火堆的行为和被灼伤的疼痛联系起来的时候，从此以后，孩子明白把手伸进火堆意味着灼伤，这才是经验。在教学过程中，学生不是"空着脑子"进教室，他们拥有个人的生命体验，这些体验能够将课堂知识与自我需要联系起来，把知识转化为工作能力和滋养灵魂的精神力量。生命中正是因为经验的积淀才不断成长，不断使人生变得饱满。

明确学生真实的状态是教学的基质性资源，在课时备课的过程中，进行学情分析环节，教师需要掌握学生的个体经验和个体差异等前在状态，这是学生进入历史课堂的真实水平，是学生学习新知识的经验基础。在课时备课进行学情分析的环节中，一方面，历史教师需要分析学生个体经验，学生个人本身积累的经验，与课时的教学有什么联系，对学习的影响是逆向还是顺向。学生个体的生活经验需要通过教师在平时的学习生活中细心地观察或通过问卷、聊天等方式了解，赋予历史课堂生活的温度，同时也呼应了课程标准提倡的教学内容"应密切与现实生活和社会发展的联系，关注学生生活"的要求。教师在进行教学的时候可以灵活地运用学生的个体经验，不仅为学生的学习架构先行组织者，也为学生内化知识提供了感性的支撑。另一方面，学生的前在状态包括学生的个体差异。学生的差异是普遍存在的，教育最大失败就是把学生当作材料，学校当作模具，从学校走出来的每一个学生都是一个模子，没有个人特色。个体差异与个体的心理发展之间有密切关系，个体差异受制于个体心理的发展程度。发展心理学的大量研究表明，学习必须适应个体心理发展规律。在高中历史课时备课的过程中，对于个体心理的分析是基础条件，思维力、记忆力、观察力、想象力、创造力既是个体心理的重要组成部分，也是影响学生智力发展和学习能力最重要的条件。9个体差异在历史课堂体现为学生的学习方式千差万别,历史教师在课时备课的过程中,根据学生的特点采取与学生学习风格一致的策略或是有意失配教学策略。在进行学情分析时,教师必须正视学生的差异,分析学生的差异情况,把它当作教学资源去开发和利用,唯有如此,在教学过程中,才可能关注到学生在不同基础上达到的水平产生的差异,并把学情当作互动资源,提升教学设计的质量。

每一个学生在进入课堂之前,不仅仅带来了眼睛、耳朵和记忆力,他们不同的思维和生活背景也碰撞出不同的经验和观点,带来了"儿童哲学""儿童文学""儿童历史学"等缄默的知识。学生不是空着脑袋进入课堂,分析学生的前在状态,如同在新旧知识之间架起一座桥梁,帮助学生到达知识、技能和情感的彼岸。

(三)分析学生的潜在状态

潜在状态是指通过学生内在需求被激发,在教师、同伴帮助下实现学生发展可能性转化为现实水平的状态。对学生潜在状态的分析,不仅使学生的即将成熟的知识或技能水平成为现实状态,也能够将学生未呈现的潜能通过教学转化成现实发展的确定性。在课时备课学情分析的过程中,教师一般有一个教学目标的预设,但是不应只是学生获得什么样的知识和技能,而是关注学生潜在的发展可能转化为现实状态的价值性,为学生的多种可能状态提供一个现实的平台,促进学生真实的发展。

分析学生的潜在状态,一方面,需要分析学生发展的可能性。学生发展的可能性受个人潜能状态影响,即受生物和心理潜能影响。生物潜能是人体的本能,心理潜能是一种不是本能的似本能,即人类的一种高级需要或冲动,如对友爱、合作、求知、审美、创造、公正等的需要,这些需要虽然不像生物需要那么强烈,但是作为一种内在的潜能,只要环境条件得当,就能发展到可能达到的程度,对人的行为起支配作用。由于学生的前在状态不同,学生的发展的可能性也各不相同。因此,对学生发展的可能性的预估应当有差异,针对学生的差异设置弹性目标:基础性目标、提高性目标、发展性目标。弹性目标应当避免"一刀切"的情况,根据动态学情及时选择目标,尽可能满足学生学习和真实发展需要。另一方面,需要分析学生在学习过程中遇到的障碍。学生的前在状态和潜在状态之间是有一段差距的,要将真实水平提高到期望水平,需要学生克服学习中遇到的障碍。分析学生在学习过程中遇到的障碍,给予学生独立思考空间的同时,教师可以及时提点学生,帮助学生扫除学习的障碍,具体地分析学生产生困难和障碍的原因,适时给予学生帮助,调整教学策略,进行有针对性的教学设计,帮助学生获得真实的成长。

教学过程是不断发掘学生学习需要,满足和提升学生发展可能性的过程,在教学过程中需要预设教学目标和学习活动,因此需要分析学生的潜在状态,预设学生的发展可能性,拓宽学生的生长空间,同时需要分析学生在学习过程中的障碍,扫除困难,促进学生获真实的发展。

学生在学习中往往会遇到困难和挫折,教师如果及时发现并帮助学生克服困难,有利于树立学生的信心,促进学生真实的发展。总而言之,教师在进行学情分析时,应当分析学生的潜在状态,注意思考学生发展的多种可能性,及时发现学生在学习中遇到的困难,才能在备课过程中有针对性做好教学设计,增加教师对学情的敏感度,并根据学生的潜在状态层层推进生成性教学水平。

第五章 高中历史教学重点和难点的设计

第一节 高中历史教学重点概论

对教学重点的界定,理论界所积累的成果并不多。查询相关著作、期刊,列举主要观点如下。

第一,历史教学重点必须依据教学目的来确定,必须是教材中的中心课题或中心内容,必须是对历史发展起决定作用或产生重大影响的历史事件和历史人物。

第二,所谓重点,是指在历史发展的全过程中占重要地位,有重大影响,起重要作用的历史知识。就一节课而言,它是指全课中最能体现教学目的的部分。[①]

第三,所谓重点,指的是教材中起主导作用的内容,是理解该部分教材的关键。

第四,教学重点是这节课中最主要的知识和思想教育内容,是为完成教学目的所必须着力讲授的部分。它是组成历史发展基本线索的主要内容和环节,是教学中的关键部分。

第五,所谓重点,指的是课文的主要内容,是基本线索的主要环节,在实现教学目标、完成教学任务方面起主要作用。

第六,教学重点是教学目标中所要完成的最基本、最主要的内容,而确定教学重点应该以教学目标为根本依据。

第七,从理论上讲,教学重点是体现教学目标要求的最本质的部分,是集中反映教学内容中心思想的部分。从实际操作上讲,一节课的重点是该课教学内容中最基本、最重要的部分。

第八,教学重点主要指确定的学习目标、学习内容和学习方式。确定

---

①刘田峰. 浅谈高中历史教学难点的确定与突破[J]. 吉林教育,2012(11S):50.

的学习目标指教师在教学过程中要帮助学生制定发展目标,这种发展目标的核心是要符合学生实际的学习目标。

第九,教学重点是指从教学目标出发,在对教学内容进行科学分析的基础上而确定的最基本、最核心的教学内容,通常是指一门学科所阐述的重要概念、原理、规律、技能,是学科思想方法或学科特色的最集中体现。

从上述观点所界定的教学重点中可看出,界定教学重点的视角与落脚点,涵盖了史学要素(历史事件和历史人物)、教材观点、教学目标、课文内容、学习目标、学习内容学习方式、学科思想方法与学科特色等,在更广泛的意义上,这些"依托点"都可与教学重点发生关联,并提供不同教育语境的规范与诠释。当然,在更深层面上,教学重点指向于课堂目标。倘若将教学重点归属于教学内容,它无疑是教学内容的核心部分,是实现课堂目标的最重要内容的依托。

第二节　确立高中历史教学重点的依据

从上述教学重点的诸种界定也可看出,确定教学重点的"支撑点"有着不同性质与类型,具体可分为以下几种。

一、外在的可能性依据

外在的可能性依据主要指实践中的、可能的外在关联,据此划分教学重点的凭借与支撑,从这一维度看主要包括历史事件的作用和影响、教材的内在联系和主从关系、对学习历史所起的作用等。

的凭借与支撑,从这一维度看主要包括历史事件的作用和影响、教材的内在联系和主从关系、对学习历史所起的作用等。

(一)历史事件的作用和影响

在一节课的教学内容中,可能涉及多个历史事件,确定某个历史事件是否是重点就要看它们在整个历史进程中的作用和影响。比如,《三国鼎立》一课,通常涉及"官渡之战""赤壁之战"等重要战役,它们都是三国时期以少胜多的重要战役,两者究竟哪个是重点内容,就要看其对历史发展的全局性影响和作用:"官渡之战"促进了曹操统一北方,"赤壁之战"奠定了三国鼎立的局面,两者相较,"赤壁之战"对那一时期历史发展的作用更大,应作重点处理。

(二)教材的内在联系和主从关系

历史教材内容源自课程标准,既有一定的指向性,又有其自身的编撰系统性。在确立教学重点时,需要考虑教材的内在联系和主从关系,依据某一知识在教材内容中的地位或作用进行辨别与确立。

(三)对学习历史所起的作用

"以学定教"是新课程的教学理念。在课堂教学中,重点往往也是变化的,变化原因之一就是学生实际情况,教师可根据学生学习基础和知识本身的特点及难易程度,再结合学生的理解水平来确定教学的重点。

二、内在的根本性依据

内在的根本性依据主要指根据内在的学理分析及其决定性的根本关联,据此划分教学重点的凭借与支撑,从这一维度看主要包括教学立意、课堂教学目标。

(一)教学立意

这是决定一节课教学重点的最根本性依据。从上述实践中的、外在的可能性依据看,无论根据历史事件的作用与影响,还是依据教材的内在联系和主从关系、对学习历史所起的作用等支撑点来确定教学重点,都只能是外在的可能性判断,这样的判断在实践中能有一定的指向性效果,但并不恰当与准确。

(二)课堂教学目标

此种情况主要针对在实践中一课的教学立意难以得出,只能依据课堂教学目标确定教学重点而言的。从学理上看,教学目标决定教学内容。无论历史事件的作用和影响,还是教材的内在联系和主从关系,或对学习历史所起的作用等,这些外在因素都最终以与教学内容的关联呈现出来,而其关联背后的指向,仍在于课堂教学目标的达成。从这一意义上讲,依据课堂教学目标,也可以确立教学重点。

综合起来看,如何确定教学重点,其依据背后折射了一定的教学理念。以历史事件的作用和影响或以教材的内在联系和主从关系为依据确立教学重点,折射了一定程度的"知识决定论";以对学习历史所起的作用为依据确立教学重点,反映了考察依据开始向"学生中心论"倾斜;而依据课堂教学目标或教学立意确立教学重点,则又回归到教学重点的本质诉求上,尽管以课堂教学目标确立教学重点缺乏某些实践"抓手",以教学立意确立教学重点更有一定的操作难度,但是,它们毕竟是衡量教学内容是否能成为教学重点的内在标尺,值得优秀历史教师在实践中探讨与追寻。

第三节 突破高中历史教学重点的策略

依托教学重点的内外支撑点,将其在实践层面的不同维度加以归纳,可形成以下突破教学重点的具体策略。

一、聚焦历史教学立意的内容指向

教学重点与教学立意的内在关联最为紧密。教学重点作为教学内容的聚焦所在,其内容指向与本课教学的立意紧密相连。更直观地说,它是映射教学立意达成教学目标的最重要载体,内含着体现教学立意、教学目标的多个内容维度。教学重点的解决,不可能一蹴而就。在多数情况下,其解决过程需要若干个关键"节点",需要相关的内容支撑。解决教学重点,可将教学立意聚焦的重点内容分为若干个关键"节点",逐次、分类加以突破。

二、落实与贯通历史课程标准的内容目标

课程标准是课堂教学的基本依据,其所包含的内容标准既是设计教学内容的基础性依托,更是达成历史课堂教学目标的重要参照。在课堂实践中,可分析课程标准的内容要求,将其目标指向的重点内容落实于课堂。

(一)落实课程标准内容要求:历史课堂教学的重要内容基点

(二)贯通课程标准内容:历史课堂教学的重点内容升华

倘若更深入地探讨、升华本课的教学重点内容,还可从以下方面予以贯通。

政治制度的上下贯通。

政治与经济、文化的横向贯通。"政治活动是人类社会生活的重要组成部分。它与社会经济、文化活动密切相关,相互作用。"

经济、社会发展的多元也折射于文化层面。政治、经济、文化之间的关系是复杂的,其或明或暗、或弱或强的多维关联使教学内容更可能具有探究性。通过对《明清君主专制的加强》一课做示范,揭示课程标准内容要求在课堂层面的落实与贯通,事实上也内在地揭示了历史课堂教学目标的有效达成以及重点教学内容的突破。

第四节 高中历史教学难点概论及难点确定

一、历史教学难点概论

与教学重点相类似,教学难点也是教师日常备课中容易涉及但常未曾深思的课堂要素和话题。迄今的理论界对教学重点的界定也不太多,主要观点如下。

第一,难点指学生对教材不易理解的部分。

第二,难点,有来自教材的,也有来自教师的,还有来自学生的。

第三,所谓难点,是指教材中难以处理的知识点。

第四,所谓难点,主要是指学生在学习教科书内容时所遇到的困难。并将历史教学难点分为理论性难点、史料性难点、历史发展进程的难点、事件行进过程的难点。

第五,学生不易理解的知识,不易掌握的学习方法,不易获得的学习能力都可以被包含在教学难点的范畴内。

第六,教学难点是学生学习上阻力较大或难度较高的关节点,是头绪较多或较艰深的内容,也就是学生难于理解而有待于教师启发解惑的教学内容。

第七,历史教学的难点,一般是指与学生已有的认知水平存在较大落差,不经过教师的启发、讲解,学生难以理解和掌握的那部分教材内容。

第八,教学难点指的是教学中有困难的地方。按当下新课程改革的术语,就是相对于预设的教学目标,教学中不易"变现"的部分。

可以看出,界定教学难点的视角与支撑点主要涉及教材难度、学习难度、教师指导难度、教学目标实现难度等维度,这也折射了教学理念、理论关注点的位移和质变。在较早的传统观念里,教学难点常指学生难以掌握的知识技能和技巧,或是学生不易理解的知识内容,但后来这种指涉的范围、对象、焦点等都逐渐发生了改变与拓展。在较一般的意义上,教学难点是课堂教学之中教师"难教"、学生"难学"的部分。遵循学生认知规律,恰当处理教学难点,无疑会使教师易教、学生易学,这对提升课堂教学有效性至关重要。[①]

二、历史教学难点的确定

依据上述分析,教学难点无论从哪个角度界定,其最终都落在学生的学习难点上。也就是说,教学难点的确定,可以从形成学习难点的因素来进行,主要有以下几种。

第一,针对学习内容,学生缺乏相应的知识储备与知识连接,或者时空距离较远,难以形成深入的感知与理解。从学生认知规律上看,学生获得新知识的顺序大致是由浅入深、由近及远、由已知到未知,循序渐进的。如果学生缺乏对学习内容的必要知识基础,就难以真正理解新的知识内容。

第二,鉴于学生学习新的概念内容时缺乏相应的概念思维或认知基础,导致学生认知过程冲突或内容冲突,使学生陷入认知困境。建构主义学习的相关理论认为,认知学习受三个过程的影响,即同化、顺应和平衡。对历史学习而言,学习新的历史内容时,学生需要将新知识纳入原有的历史认知中,这就是同化的过程。当学生不能用原有历史知识理解新内容,或在与新内容顺应的过程中不能平衡协调时,就会产生认知障碍与困惑,形成教学难点。

第三,由知识迁移所产生的负迁移作用,也会形成教学难点。如上所述,学习历史知识内容是在已有知识基础上进行的,但学生在由已知向新知转化的认知过程中,未能做到合理性迁移,未能将相关的知识原理或概念运用于新的学习之中,由此产生教学难点。

第四,对于教材内容中综合性较强、时空跨度较大的历史问题,或理论

---

①邱家评. 怎样确定历史课的难点[J]. 中学历史教学,2010(10):30-31.

抽象的概念性问题,非知识认知所能解决,也会形成教学中大的难点。

第五,由于教师教学风格、专业能力与学生认知特点不匹配,或教师教学方式失当,也容易产生教学难点。

第五节 突破高中历史教学难点的策略

教学难点的解决可以选择多种"突破点",但从学生认知维度看,主要可选用以下策略。

一、适时补充必要知识点

知识衔接通常指新旧知识之间的联系。在历史课堂中,新知识呈现之时,倘若学生已学过的"旧知识"不能与其发生意义交汇、思想通联,即出现了所谓知识衔接之"难"。从有意义学习角度看,"知识是一种依托于认知(求知)心理过程的有意义产品。这种产品关乎'逻辑的'(文化的)意义观念和相关背景('锚桩')观念之间的互动"。也就是说,知识是依据认知而形成的与"逻辑的"意义观念、相关背景观念的互动。新旧知识之所以发生断裂,是由于缺乏必要的"逻辑的"意义观念或相关背景观念。在这里,具体体现为缺乏必要学科知识点的连接。适时补充必要知识点,并非以掌握大量知识为目的,而是要对接新旧知识的联结点,以接近学生的"最近发展区"。赫德伽·阿德认为,最近发展区是理解的知识(由教学提供的)和积极的知识(个体自己拥有的)之间的差距。补充必要知识点恰恰是要改善学生拥有的"积极的知识"的结构,以此缩小学生"最近发展区"与所要学习知识之间的差距。两者之间的差距愈小,愈便于连接,知识衔接之"难"也愈便于突破。[①]

二、巧妙设置认知冲突

如果说以上知识主要强调了新旧知识之间的联系,那么,知识理解则涉及知识对象的本质和意义。历史知识所涉及的一般是过去的事情,限于时空距离,其知识对象常常"今非昔比",过去的事情很难凭借今天的经验

_____

[①] 郑菲. 高中历史"教学难点"问题研究[D]. 芜湖:安徽师范大学,2014.

加以认知,知识理解之"难"也会在所难免。

突破知识理解之"难",可巧妙设置认知冲突。认知冲突是指学生原有的认知结构与所学新知识之间的矛盾。学生在学习新知识之前,头脑中已具有了形形色色原有的认知结构。当他们学习新知识时,总是试图以这种原有的认知结构来同化对新知识的理解。当遇到不能解释的新现象时,就会产生认知冲突。认知冲突是连接学生固有经验与新知识的通道,是理解知识的重要认知途径。尤其当学生理解新概念时,认知冲突会使学生的已有经验受到挑战,会使学生更加倾向于改变旧概念。当然,引起学生认知冲突的条件需具备以下特征:一是已有经验似乎不能解释新问题,学生对已有(或错误)概念不满;二是新概念对学生而言必须是可理解的;三是新概念一开始就必须看似更有道理;四是新概念应该更有效果、更有解释力,更能有效地解决未来的问题。

在历史课堂中,知识理解之"难"常因历史对象的"今非昔比"而引起,认知冲突恰恰是要学生引起对历史对象独有的个性特征的警觉,以此来区分"今昔"对象的不同,突破知识理解之"难"。

三、多维度设置情境体验

从个体学习角度看,学习历史的过程并非"史学意义上的历史过程",而是学生接触历史后由感知、理解、体验至升华的多维心理建构过程。历史学习体现着学生个体思维与历史文本的过程性互动,其"神入"、感悟历史是这一互动过程的最高境界。不过,由于历史对象的内容复杂、学生经验和认识能力与对象内容的差距,也会出现过程感悟之"难"。

突破过程感悟之"难",可多维度设置情境体验。体验的基础或起始点是深度感知。"感知的优势被表述为直接经验的前提性、真知性以及与间接经验的互补性,它对学习的意义是,如果未来通过记忆复现时,会体现出情节记忆与情绪记忆的效果,会产生真实、自然的场景回忆,有助于与知识产生联系。"就此而言,情境体验能够超越知识手段的局限,能将个体当下的感知直接经验与真知性的间接经验交融起来。从学习角度来说,情境体验能透彻地理解知识的内涵和意义,拓宽知识理解的广度和深度,而不是囫囵吞枣、浅尝辄止。当然,需要强调的是,情境体验远不止于感性体验,它更需要理性的发掘与深入;即通过纵向联系与横向挖掘,凭借分析、归纳、比较、推理、概括等思维活动,超越所感知的历史内容,直达历史对象的深处,力求获得更深入理解。

设置情境体验不是要追求形式上的热闹和新颖,也并不止于表面上的直观体验。情境体验的关键在于让学生获得体验的历程,于体验之中多角度地去思考、感悟。鉴于历史对象内容的复杂、学生经验的有限,多维度情境体验有助于学生认识历史对象的各个侧面,弥补学生经验与历史对象之间的差距,也便于更深入地感知、透彻地理解历史对象,突破过程感悟之"难"。

四、适当设置价值观冲突

与知识理解相比较,情感体验属于较高层级的学习领域。不同类型学习的设计,其遵循的设计原理各有不同。"概念和原理的学习属于知识的建构,必须巧妙地设置认知冲突;技能的建构是操作的学习,必须有真实性的任务驱动;情感、意志的建构属于价值与审美观念的学习,必须设置价值观冲突并获得情感体验。"由此来说,历史课堂中若要突破情感体验之"难",可适当设置价值观冲突。

情感与价值观,同处于个体意识的最深层,个体情感体验与其所理解认同的价值观呈正相关。对学生而言,情感体验之"难"常发生正向价值观的迷失或疏离。此时,可适当设置价值观冲突,以澄明、矫正学生的价值观偏失,实现学生情感体验与其所认同的价值观的共鸣。

设置价值观冲突的目的在于让学生辨清并认同正向价值观,奠定学生情感体验的理性之基。价值观认同是学生价值观推理和判断转化为价值观行动的关键环节,是促进学生升华积极情感突破学生情感体验之"难"的动力之源。

以上,针对不同层次与类型的教学难点,探讨了教学难点的应对策略。教学难点产生于不同的内容背景与条件,其认知性质与解决路径各有差异。恰切区分教学难点的差异,遵循学生认知特点,是突破教学难点的必要选择。

第六节 高中历史教学重难点设计的操作性举例

案例1:《昌盛的秦汉文化》一课教学重难点的设计

《昌盛的秦汉文化》一课属第三单元"统一国家的建立"中的内容。课文分三个子目:纸的发明和蔡伦改进造纸术;《九章算术》和地动仪;华佗和张仲景。显然"文化(一)"对应的是两汉时期所取得的科学技术成就,而且教科书正文重点突出的是造纸术。在此显而易见,秦的文化成就完全缺位。作为本单元文化史教学的开篇,时序上缺失秦朝、内容上只讲科技而遗漏艺术,这都会给学生造成一定的困扰。鉴于此,我将第十七课《昌盛的秦汉文化》(二)中"轰动世界的秦兵马俑"子目移入本课,时序上做到秦朝与汉朝兼顾,内容上艺术与科技并举。

《义务教育历史课程标准》(2011年版)相较"实验稿"有以下变化:①删减《九章算术》《伤寒杂病论》知识点,减轻了学生负担;②新增"讲述张仲景和华佗的故事",意在培养学生陈述历史的口头表达能力;③把"了解四大发明,认识中国古代科技发明对世界文明发展的贡献"修订为"知道造纸术的发明对文化传播的作用",突出了造纸术,使得原来模糊宽泛的要求得以具体化。

结合教科书与《义务教育历史课程标准》(2011年版)的要求来分析本节课的教学任务和教学内容,基本可以得出本课教学的主要任务是在秦汉"统一国家的建立"的背景下,去把握以下问题:①秦兵马俑的艺术成就;②造纸术的发明、改进及影响;③张仲景、华佗的医学贡献。基于以上分析,立足本课内容,教学重点集中在造纸术的发明、改进及影响上。回归单元主题,教学难点则聚焦在秦汉文化昌盛的成因上。

案例分析:

本案例能够结合课程标准、教材内容,对教学内容做适当整合,同时,依据课程标准的相关内容要求以及本课的具体教学任务,确立本课的教学重点;通过对单元主题内容的进一步分析,结合其他因素,确立本课教学难点。

第六章 高中历史教学流程与环节的设计

第一节 高中历史教学流程与环节

教学流程与环节是教学活动进程中较为稳定的结构形式,它通常内在地接受特定的教育理念、教学理论或学习理论做指导,又与教学逻辑、组织阶段密切相关。教学理论界基于不同的理论观念,对此有着不同看法,代表性观点如下。

第一,赫尔巴特认为,教学必须通过明了,联想、系统、方法四个阶段,即:明了——给学生明确地讲授新知识;联想——使学生将新知识与旧知识联系起来;系统——指导学生在新旧知识的基础上做出概括和总结;方法——引导学生把所学知识用于实际。

第二,加涅认为,课堂教学过程包括:引起注意;告知学习者目标;激活相关的原有知识;呈现刺激材料;提供学习指导;引发学习行为;提供反馈;评估学习行为和促进记忆与迁移。[1]

第三,现代教学过程的基本环节包括:激发学习动机—感知教学材料—理解教学材料—巩固知识经验—运用知识经验—测评教学效果。

第四,确定教学进度和顺序是课堂教学最重要的决策。课堂学习的尝试和广度在很大程度上取决于教学进度和顺序。确定教学进度就是决定一系列教学活动的进行速度。顺序指的是这个系列中各项应具有的关系。

第五,课堂活动可以指师生的课堂活动,也可以指课堂活动的内容。因此,课堂活动顺序既可以从师生相互作用的形式(指他们在课堂上做什么),也可以从课堂活动的实质内容来描述。前者一般称为"教学方法"或"方式",后者称作"学科内容""课程"或"教学内容"。

第六,正确的教学过程的逻辑的实质就在于:教材和教师布置的学习

---

[1]茅佳清. 高中历史新教材教学环节设计的创新性与时效性研究[J]. 历史教学问题,2020(3):186-189.

任务不要作为某种外来的、凝固不变的东西,而是作为在运动中的东西呈现在学生面前;在这一运动过程中,单个事实、具体的表象要跟概括概念和一般学说联系在一起,而后者(概括、概念和一般学说)又要跟实际运用的技能和技巧相统一。教学过程的逻辑跟学科的逻辑有着密不可分的联系,但是并不等同于后者。教学过程的逻辑具有更大的能动性、曲折性和矛盾性。它并不是学科的逻辑、学科的大纲和内容、教科书内容的简单投射。教学过程的逻辑是学科的逻辑与学生掌握教材的心理活动的"合金"。

第七,所谓教学逻辑,是指教师基于对学科教学与学生发展关系认知的基础上形成的关于教学内容与教学活动序列安排的构想。

可以看出,教学理论界讨论教学流程与环节的视角较为宽泛,教学流程与环节可被视为教学逻辑、教学活动顺序、教学基本环节、教学内容进程、学科逻辑与学生心理活动的"合金"等。具体到学科领域,历史教学界更多地谈论历史教学过程的基本结构,典型观点如下。

第一,综合课的基本结构包括:组织教学;复习旧课,导入新课;讲授新知识;巩固新课;布置作业。

第二,从历史知识的特点看,宜于采用传统的传授和学习书本知识的教学模式。一般地说,这种模式的结构是:感知史实材料;理解史实材料、认识其本质;巩固历史知识;运用历史知识;检查掌握的程度。

第三,历史教学过程的基本结构包括:激发动机;感知历史;理解历史;运用知识;巩固知识;评估反馈。

第四,综合课的基本结构包括:复习导入;讲授新课;巩固新课;布置作业。

第五,综合课的结构一般包括:组织教学;复习提问;新课引导;讲授新课;巩固新课;布置课外作业。

第六,综合课的基本结构与步骤一般是:组织教学;复习旧课,导入新课;学习新知识;巩固新课;布置作业。

应该承认,传统历史教学界对教学结构的提法较为表面,理论视野也较为狭窄,对教学流程与环节的实质性探讨基本上没有涉及。事实上,在讨论教学流程与环节中,要有论证地解决下列问题:怎样向学生提出认识任务,才能使他们领会该认识任务;应当给学生提供哪些实际材料,按照怎样的纲目以及多大的分量来提供;应当向学生提哪些问题,布置哪些观察题和思考题以及建议学生做哪些独立作业;怎样才能使教学过程在掌握知识方面和在学生发展方面都取得最优的效果。概括地说,教学逻辑是历史教学过程的内容顺序与阶段环节,它决定着历史教学过程的推进与发展方向。历史教学流程与环节的内在关键是教学逻辑,教学逻辑反映着教学过程中的内容组织、环节、步骤间的关系建构,其内含的"转承""过渡"等逻辑关系是否合理、理性,是课堂教学评鉴的重要维度。历史教学逻辑系指在课堂教学中各环节、步骤的逻辑关系,它具体蕴涵于历史课堂教学的内容流程中。

第二节 高中历史教学流程与环节的主要类型

历史教学流程与环节受一定教育理念、教育理论或学习理论的指导。在不同的教育思想、教育理论指导下,历史教学流程与环节会呈现不同的类型。

一、"传递—接受"类型

此种类型是我国学者在教育学家凯洛夫教学思想的基础上,结合我国一些传统教育思想和教学实践经验而确立的。此类教学流程与环节模式的理论基础是辩证唯物主义的认识论和有关的心理学教育学基础理论,主要是行为主义心理学理论。他认为,历史知识的内涵包括具体的历史知识即史实知识,如时间、地点、人物和事件;规律性的历史知识如历史概念、历史线索和历史规律等。具体的历史知识是客观的,规律性的历史知识是以具体的历史知识为基础并在马克思主义唯物史观的正确指导下得出来的,也是科学的。历史知识具有客观,真实、静态不变的科学一元性特征,历史教学也就成为教师系统讲授和学生准确掌握外在的科学历史知识的过程。此种类型的教学活动程序一般分为五个阶段。

组织教学。在上课开始阶段,要求学生做好学习准备,包括学习用品、良好的学习心态等。[①]

①李强. 新课程背景下高中历史课堂教学流程整体重构与设计[J]. 文教资料,2013
(13):179-180.

检查复习。一般采用问答的形式,对新旧知识进行联系,导入新课。

讲授新教材。这是历史教学中最主要的组成部分,教师按照教材内容进行新知识的讲授。

巩固新教材。可以是教师对所学习的内容的总结与回顾,也可以是教师对学生进行提问或让学生进行练习,达到巩固新知识的效果。

布置作业。教师布置一定的作业,作为学生复习、巩固所学历史知识或预习将要学习的新知识的一种手段。

二、"自学—指导"类型

此种类型的教学过程以学生自学为主,学生在教师指导下进行自学、讨论交流等,实现自学和指导有效配合。此种类型的教学过程是以当代教育的"以学为主,教育教学要注重培养、发挥学生的主体地位,使学生学会学习"等理论为指导,实现师生互动的教学。在历史课堂中,此种类型的教学活动程序一般分为以下阶段。

教师出示课题和自学提示等,对学生自学做总的指导。

学生自学教材。学生带着教师提供或布置的问题阅读历史教材,通过阅读了解课文的主要内容并尝试解答问题。教师对学生进行个别指导。

学生讨论交流解决疑难问题,教师对学生的讨论进行启发引导,并针对普遍存在的问题进行精讲。

教师结合本课的教学目标,让学生运用所学知识完成各种练习并进行评价、小结,使所学知识系统化。

三、教学常规环节类型

此类教学流程以常规性的教学环节组织教学进程,从表层的教学环节中看不出其教学指导思想或教育理念。此种类型的教学活动程序一般分为以下阶段:

导入新课。采用多种方式引起学生的学习欲望。

学习新课。这是中心任务和主要环节。

巩固新课。可以通过教师概括、学生提问等方式,巩固学习内容。

课堂小结。对本课教学内容进行总结。

四、教学逻辑类型

此类教学流程主要以课堂教学的内容逻辑为依据,以此来组织教学活动进程。教学逻辑类型的教学流程以教学内容的逻辑转换、衔接为依托,同时兼顾对教学内容的处理方式,能较深入地体现设计者基于教学立意对教学内容内在逻辑的理解与把握。此类型的教学活动程序除了课堂导入、小结两个环节外,主要强化对教学逻辑的呈现与把握,一般采取以下形式。

导入:依据教学主题学生兴趣进行导课。

环节一:教学内容包括对教学内容内在逻辑的理解与处理。

环节二:教学内容包括对教学内容内在逻辑的理解与处理。

......

小结:对本课教学主题做总结、提炼或升华。

需要说明的是,重视教学逻辑类型的教学流程与环节,体现了教师基于本课教学立意对教学内容的深刻理解,这通常是历史优质课大赛中绝大多数教师采取的类型。

第三节 高中历史教学逻辑的构建策略

历史教学逻辑与学科结构、学生认知特点以及教材内容密切相关。学科结构是由诸多科学事实、概念原理、定律等按照一定的联系和方法构成的逻辑体系。学科结构是教师进行教学设计或教学实施的"可能起点",而"学生发展状态"是教学设计或教学实施的"现实起点"。学生的实际发展水平可能超前或落后于学科结构中相应知识点的要求,教师要根据"学生发展状态"决定教学的知识起点、层次和相应的教学活动序列,促进学科结构向学生认知结构的转变。同时,教材内容逻辑的类别等,也影响着一节课的教学逻辑框架。具体而言,确立教学逻辑的依据与策略主要集中在以下方面。

一、基于教材的知识逻辑构建教学逻辑

能否超越教材的知识逻辑,是评判优质课"教学逻辑"的首要维度。课

堂教学是以教师、教材、学生三者为主的动态互动,其内容主要来源于教材。教材以科学体系为基础,其学习内容本身具有逻辑顺序性。由此,依据教材呈现的教学内容本身就体现了教材的知识逻辑。不过,限于教材体例、篇幅等因素的制约,教材所呈现的知识逻辑是静态的,且不完满,并不适应教学过程的动态需求。这就为教学逻辑改造、调整教学内容提供了可能。

当然,教学逻辑对教学内容的"改造",并非要完全脱离教材。教材是教学内容的根基。教材的知识逻辑回答"教什么"的问题,它是教学内容中最实质的要素。好的教学逻辑需以教材的知识逻辑为蓝本,对其进行合理性删减、补充、合并甚至变更,以此实现对教材知识逻辑的超越。

二、基于学生的认知逻辑构建教学逻辑

能否顺应学生的认知逻辑,是评判优质课"教学逻辑"的第二个维度。课堂教学以学生为主体,教学成效也最终指向学生,这就决定了教学逻辑虽以调整教材知识逻辑为起点,但其进一步的推进还要以顺应学生的认知逻辑为旨归。

学生的认知逻辑回答"如何学"的问题,它是衡量课堂教学中学生是否"能学""会学"的关键要素。不过,具体的学生的认知逻辑呈现出个体差异,教材的知识逻辑又以理性、静态为表征,这就需要教学逻辑能平衡两者之间的差异,着眼于教学内容的认知化。围绕教学主题设计现实的、情景性的教学流程,引导学生在情景中思考,尽可能弥合学生的个性化理解与人类规范化的知识之间的差异,这是教学逻辑顺应学生认知逻辑的核心。

三、基于历史的认识逻辑构建教学逻辑

能否建构历史的理论逻辑,是评判优质课"教学逻辑"的第三个维度。就评判的性质而言,如果说,超越教材的知识逻辑是基本"起点",顺应学生的认知逻辑是必要"过程",那么,建构历史的理论逻辑则是最终"归宿"。

建构历史的理论逻辑之旨向,在于培养学生有关历史的理性思维与人文素养。历史不是史料的堆积。即便史料是原始、真实的,也需通过理性、逻辑的方式加以再现。通过逻辑的方式再现历史是整体把握历史真实的唯一方式,也就是逻辑与历史相一致。这是培养学生进行理性思维的最高境界。

逻辑与历史相一致,是指人的思维逻辑与客观的历史相一致。"历史从哪里开始,思想进程也应当从哪里开始,而思想进程的进一步发展不过是历史过程在抽象的、理论上前后一贯的形式上的反映。"也就是说,思维中的概念、范畴的逻辑体系要与其所反映的客观历史相统一。逻辑要以客观历史为前提或基础,逻辑的起点要与历史的起点相一致。在课堂教学中,好的教学逻辑恰恰能帮助学生建构这一点。

教学逻辑的每一步推进都尽可能与客观历史的推进相一致。以历史的起点为逻辑的起点。内含其中的逻辑、概念,都尽可能是历史在认识中的再现。即,尽可能构建符合史实的思维概念;尽可能构建符合史实的逻辑判断。这其中,教学逻辑建构了学生对历史的理性认识,既涉及"凭证据说话"的思维意识,又涵盖以历史为前提并据此进行推理分析的逻辑。

综合地看,评判历史优质课的教学逻辑,至少需要从其与"教材的知识逻辑""学生的认知逻辑"以及"历史的理论逻辑"三个方面的关系来加以探讨。上述三个维度的关系是递进的,体现了历史优质课的内容流程是如何进行"过渡"与转化的:超越教材的知识逻辑涉及教师对教材文本的理解与阐释,回应了历史课"教什么"的基本问题;顺应学生的认知逻辑涉及教师如何把握学生的认知特点,回应了历史课"如何学"的基本问题;建构历史的理论逻辑涉及教师对学科价值的理解与追寻,回应了历史课要"达成什么""追求什么"的基本问题。聚合起来看,作为历史优质课,其教学逻辑应是课堂教学的基干与"骨架",是课堂教学中内容组织、思维运演与逻辑推进的"路标"。

第四节 高中历史教学流程与环节的其他结构

教学逻辑构成了历史教学流程与环节的内在"骨架"。除此之外,历史教学流程与环节的设计,还需要兼顾其他环节构成。

一、导课环节

(一)导课的基本要求

1.目的明确,针对性强

导课应该针对的教学实际有两个方面:其一是指要针对教学内容而设计,使之建立在充分考虑了与所要学习的教材内容的有机联系的基础上,而不能游离于教学内容之外;其二是指要针对学生的心理年龄特征、已有知识和生活经验。例如,通常采用的释题导课法。

2.简洁明了,恰到好处

由于一堂课的教学时间有限,导课又不是教学的重点,所以不宜在课的开头花费太多的时间。冗长、啰嗦、不得要领的开头,不但没有美感,而且不能取得良好的教学效果。艺术性的导课必须争取在较短的时间内,用最精练的语言达成事先要达到的目标。

3.新颖有趣,能吸引人

根据心理学的研究,新异刺激可以有效地强化学生的感知,吸引学生的注意。因此,具有新颖性的导课能够引起学生兴趣。

(二)导课的形式与方法

1.问题导课

即制造悬念,就是在学生心理上造成强烈的期盼,使学生产生急于求知的迫切心情。悬念,疑问是思维的"启发剂",它能使学生的求知欲由潜伏状态转入活跃状态,有力地调动学生思维的积极性和主动性,是开启学生思维的钥匙。有经验的教师都很注意设疑导课的启发功能,在导课时精心设计疑问,引发学生的思考。如学习西汉历史时,可以提问:知不知道苏武牧羊、张骞出使西域、驰名中外的丝绸之路? 利用疑问、悬念将学生引导到要学的内容上来。[①]

2.故事导课

采用寓意深刻、幽默轻松或精彩的故事导课,是历史课堂中为学生所喜闻乐见的形式之一。上课之初先用一个与教材内容相关或相似的故事调动学生的学习兴趣。例如,学习春秋争霸时,讲述"围魏救赵";学习秦末农民起义时,引用"破釜沉舟"和"四面楚歌"。当然,故事导课宜短忌

---

①赵建华. 浅谈新课改下高中历史有效课堂教学流程设计[J]. 赤子,2019(4):261.

长,故事本身要能说明问题,教师还需引导分析,才不会使学生的注意局限于故事本身。

3.温故导课

即利用已掌握的历史知识,导入新课。它能较好地诱导学生将新旧知识进行相互联系,洞悉历史发展的线索。在温故的基础上接受新知,是个循序渐进的认识过程,便于理解和学习。

4.“诗歌、识图”导课

在学习文化史内容时,利用学生已学过的文学佳作(如一些优秀唐诗、宋词、元曲)作为课堂教学导语,既活跃了课堂气氛,又掌握了作品内容。此外,历史教材有许多精美图片,利用图片进行导课,既增强了直观效果,又有利于理解学习。

5.释题导课

题目是文章的窗户,往往也是文章最精彩的概括。如“统一的多民族国家——秦”这一标题,高度概括出了秦“统一”“多民族”“中央集权”“封建”等几个特点。导入时抓住这几个要点释题,为学习课文扫除障碍,同时开宗明义,对学习掌握课文重点、难点内容有重要作用。

6.激情导课

在课堂教学中,有的教材内容中包含着真挚的情感,即教师导课时“披文入情”,以情真意切的语言激发学生的情感,达到以情育人的目的。

二、结课环节

(一)结课的基本要求

首尾呼应、相对完整。指课的结束应当与课的开始相呼应,不能离题太远,不着边际。

留有余味,引发学生思考。也就是说,在一堂课结束时,教师应注意语言的含蓄,不能把话说得太满、太绝,适当给学生留些思考的空间,使学生感到“课虽尽趣尚浓”。

干净利索,适可而止。要求教师恰当地把握结课时间,及时,有效地结束教学。既不能把结课时间拖得太长,也不宜匆匆忙忙随随便便地结束。

(二)结课的形式与方法

自然式结课。这种结课是在下课铃响时自然结束课程。

总结式结课。即用准确简练的语言提纲挈领地把整个课的主要内容加以总结概括归纳,给学生以系统、完整的印象,促使学生加深对所学知识的理解和记忆,培养其综合概括能力。总结归纳的方式,可视具体情况灵活变化。可以用简明扼要的语言,复述讲解要点,强调应掌握的主要知识和概念等。这是一种比较常用的结课方式。

拓展式结课。把学习过的知识向其他相关方面延伸,以拓宽学习的知识面,形成知识网络。

对比式结课。将学习的知识与相关知识结合起来,进行分析比较,找出其异同点,以使学生更深刻地理解知识。

练习评估式结课。以课堂提问或练习方式对学习过的内容进行检测评价,以巩固所学知识。

承前启后式结课。把导课时的悬念、学习中的疑问在结课时予以强调,谓之承前;选择与下节课相关的知识作为下节课的铺垫和伏笔,谓之启后。

三、板书设计

(一)板书的基本要求

运用板书的关键在于教师要依据具体的目标、内容、学生特点、课堂情境以及自身的素质特点,做出灵活、合理的策略选择。

板书内容在黑板上的安排方式和位置不同,板书所获得的效果也不同。所有的板书均安排在边框以内。对主要板书,教师可依照板书内容多少和黑板长度做适当分栏处理。每栏的宽度以不超过教师站立不动板书时较轻松地达到的宽度为宜。

板书设计要做到:一是条理清楚;二是书写工整;三是突出重难点;四是保留和擦除部分分明;五是形象地揭示内容的各种联系。

(二)板书设计的主要形式

从重要性和详略的角度看,板书有两种表现形式:主要板书和辅助板书。主要板书完整地反映教师当前的讲述内容和思路,包括内容框架、重要的概念、基本要点、主要结论和重点词汇等。辅助板书反映的是与当前学习有关但相对次要的内容。它对主要板书起辅助、说明的作用。

从板书的形象程度看,板书的表现形式主要有以下几种:①要点式板书。根据授课内容,在黑板上只列出标题、要点和层次。要点式板书能清晰地反映出授课内容的逻辑思路和层次,便于学生把握主要观点。但它高度概括,只适合于高年级。要点式板书在很大程度上只是教材大小标题的翻版,表现形式较为单一,长期使用会失去对学生的吸引力。②表格式板书。它是将教学内容中同一类概念、事物或事件的不同侧面分项目整理、归纳,并以表格的形式表现出来。运用这类板书,一般要求教学中的概念、事物或事件及其可分析的侧面均在两类以上。表格式板书便于将不同侧面对照比较,能直观地看出它们的异同点和各自的特征,能给学生留下深刻的印象。③线条式板书。它是根据史实的发展过程、情节起伏或逻辑思路,选择关键性的词语,以线条、箭头等连接起来构成的一幅流程图。线条式板书能把隐含于教学内容之中的线索,清晰直观地展现出来。④图解式板书。它是以示意图的形式帮助学生认识某一事物的结构、空间位置和演变,或者人为地为某一内容配上具有象征意义的图案,帮助学生理解、记忆教学内容。⑤结构式板书。把重大历史事件加以分解,归纳形成一个完整概念。其优点是条理清楚、概念完整、言简意赅。⑥方位式板书。按东、南、西、北、东北、西北、东南、西南八个主要方位,结合课堂教学的需要把历史事件的空间位置或重要地名按不同的方位填入。其优点是形象直观、紧扣教材、方法简单。

第七章 高中历史教学中历史细节的运用与设计

第一节 高中历史教学中历史细节运用的背景

一、高中历史教学中历史细节运用的必要性

(一)课程标准对历史教育价值的重新定位

高中历史课程标准明确提出要转变历史教育的价值定位:从知识素养和能力素养转变为人文素养,历史教育的目的在于培养德智体美全面和谐发展的现代公民。历史教育曾经长期沦为政治教育的工具,历史教育作为一门人文学科,在培养学生人文素养方面的价值长期被忽视。历史长河中曾经经历的事、曾经生活的人、曾经遗留下来的物都留下了人类文明发展的烙印。高中历史教学要秉持历史学科尊重历史,求真求实的特点,从历史中汲取智慧,开阔眼界,陶冶情操。在历史学习中,要培养学生的历史意识,增强其历史观察力和历史责任感;在历史课程的设置中,要贴近学生生活;在课程实施中,要尊重学生的个性,培养学生的探究能力;在教学评价上,要关注学生的全面发展,不仅要考查学生的知识和能力,更要关注学生情感态度价值观的发展。

高中教育的主体是14到19周岁之间的青少年,这一阶段的学生心理和生理尚未完全发育成熟,他们对未知世界充满好奇,渴望自主探究。但是在认知发展上,高中生的历史知识储备还很有限,并且没有形成完整系统的结构体系;在心理上,他们还无法在学习上长时间保持随意注意,因此他们的学习热情和探究的欲望还需要更多的间接兴趣来提供维持的动力,如学习内容情节的生动性、表现形式的丰富多彩、教师的教学艺术等R。历史细节往往是生动的、具体的、形象的、典型的,在历史课堂中填充历史细节以激发学生学习兴趣,是适应这一年龄段学生身心发展的需要。

高中历史课程要实现三位一体的课程目标,尤其是情感态度价值观维度的目标,需要教师充分挖掘和呈现历史课程中的情感教育资源。如何利用课程中的情感教育资源,离不开学生的体验和想象,学生的体验需要构筑一定的情境,情境的建构方式虽然多样,但是往往离不开直观、形象的材料支撑。历史细节不仅有利于学习情境的建构,其自身往往饱含思想性,因而能激发学生的想象,引发学生的情绪体验。

(二)历史知识的特殊性

历史知识是对过去发生事情的反映,历史不可能重演,不可复制,人们无法直接感知历史,也不可能像物理或者化学等学科一样借助实验令其再现。学生对过去性、间接性的历史知识的认识只能借助已有的资料来进行分析和理解,蕴含在史料中的时间、空间、经过、人物及其活动等具体要素形成了历史现象。历史知识涉及的领域芜杂丰富,历史事件由特定的个体或群体活动、特定的情境构成,具有特殊性和偶然性,离开了个别的、具体的现象,历史就被抽空了。历史发展呈现出明显的时序性,历史时间和历史空间紧密关联。时间是人类社会纵向发展的标尺,空间则体现在具体的国度、山川、河流、建筑等地理环境上,构成了历史的横断面。历史的时空联系往往会对具体的历史活动、国家或民族的形成发展产生深刻的影响。课程标准要求学生能逐步形成正确的历史时空概念,对于历史时间和空间的准确定位,往往需要借助具体的时间、事件、人物或者形象的地图等。

历史学科的学科特点,决定了历史教学必须借助于具体、形象的历史要素来构筑学生的历史认识,培养学生历史思维,形成历史感悟和意识。

(三)新的教学方法要求重视历史细节的运用

伴随课改的推行,历史教学方法不断改进,在情境教学、史料教学、神入教学法、历史故事教学等教学方法中,历史细节的运用都不可忽视。[1]

1.历史直观情境教学法

历史情境教学法就是在历史教学过程中,根据教学需要,教师有目的地引入或者创设具有情感色彩的、生动形象的情境,以激发学生学习历史的兴趣,引发学生的情感体验,进而积极思维探究,以情入理,情理交融,从而使学生的情知优化发展的教学方法。情境教学具有形象、情真、意

---

[1]汪小兰.高中历史教学细节运用研究[D].武汉:华中师范大学,2015.

切、理寓其中四大特点,情境教学追求形象,强调情和境的融合。境的创设需要借助实物直观、言语直观等方式,具体的、生动的直观能创设、感知理解情境,在情境中激发学生情感。另一方面,以情促境,细微处见真情,细节往往更能激发学生情感共鸣。

2.神入历史教学法

神入历史即"置身于历史发展的环境中去观察历史,站在历史人物的立场上去理解历史"。神入历史包括神入历史人物和历史事件。神入历史需要经历想象、重构和启迪。想象和重构需要以细节活化事件或者突出人物。想象不等于幻想,也不等于重现,而是要借助细节来激发学生兴趣,给学生提供想象的线索和广阔的环境。历史学家要克服历史不可再现的问题,在进行研究时,只能将史料作为线索来重建过去。然而史料往往是残缺不全的,这就需要发挥想象,就像警察办案,利用一定的线索来合理想象和推断。

3.史料教学

史料是构成历史的材料,是人类历史发展过程中遗留下的痕迹。史料包括文字史料、图片史料、文物史料等多种形式,人们对历史的了解和认识就是从这些史料中获得的。历史教学要求论从史出、言之有据,史料教学不可或缺。史料教学包括获取史料、分析鉴别史料、将史料作为证据来重构历史,解释与分析历史。史料在历史教学中的作用包括:激发兴趣;活化历史;发展想象力、阅读能力、思维判断力;深化对历史和现实问题的认识;传达真实感;用作证据,进行推断和解释。要发挥史料教学的以上功能,需要学生在搜集、整理、分析判断史料的过程中,充分挖掘史料中所蕴含的信息,历史细节是构成历史事实的基础,它能更有效地激发学生的兴趣,能够更真实地重构历史,加深学生对历史的理解和领悟,培养学生的历史想象能力和批判思维能力。

4.历史故事教学法

历史学是说故事的陈述之学,历史教学更应该充分利用历史学的故事性。完整的历史故事应该具有时间、地点、人物、情节及环境五种要素。故事还要具备以下几个基本特点:历史性、生动性、真实性、启发性。具体体现在:故事能通过细节展示历史人物的特征和离奇曲折的情节。无论是人物还是情节均离不开细节,历史人物的个性需要细节来彰显,情节的生动性、具体性更是通过细节来展现,细节还蕴含着故事的情感。历史课堂中讲故事,不仅能引发学生学习历史知识的兴趣,并能唤醒学生的想象,还能通过挖掘故事中蕴含的历史事件和历史人物的教育价值,让学生体验和理解历史。

二、历史学研究的新进展为历史细节应用提供了可能性

历史学科固然不等同于历史教学,历史学科注重学科体系、学科内容、学科理论、学科方法和学科功能,而历史教学的过程重在教育,注重的是历史教学的教育体系、教育内容、教育方法和教育功能,但是历史教学要体现学科特色。历史教学要发挥它在培养和提高学生的历史意识、文化素养和人文素养,促进学生全面发展方面的独特的教育功能,因此历史教学要反映历史学科的新进展,历史学科研究的新成果则为历史教学提供了新视野。

20世纪70年代以来,史学界出现了批判史学社会科学化的声音。其中,以微观史学、新叙事史学、新社会史学为代表的新兴史学流派强调要回复历史学科的人文性,认为以年鉴学派为代表的传统史学过分追求历史的科学性。他们明确强调要研究历史中的个人(个性)、独特性和偶然事件,要以人为中心进行历史研究。其中,人不仅指历史上的精英人物,也包括普通大众。在研究方法上,借鉴了人类学和心理学等学科方法,大量采用人物传记、家谱、口述史料等史料。这些史料往往在写作方法上注重历史叙述的生动性。史学理论的发展,势必会反映到中学历史教学中。大量微观史学、叙事史学、新社会史学的研究则为历史教学提供了丰富的历史细节。

第二节 高中历史教学中历史细节运用的价值

无数个既精彩又繁复的细节构成了历史。历史细节渺小而又真实,琐碎而又粗糙,细致而又精巧。把握好历史细节,会让我们真真切切、实实在在地感受到历史的魅力。自新课改实施以来,我们也努力让学生去感知历史的奥秘与魅力,自身也不断地深化探究学习,以满足学生切实需要。

但是,反观目前的中学历史教学现状,越来越多的学生对历史学习失去了兴趣,这当中自然有高考带来的升学压力,但更多的应该是我们中学历史教学本身存在的缺陷。受制于高考升学压力,我们更多关注的是学生的分数,而忽视了:怎样才能让学生有意义的学习历史? 我们不断地探究,探究过程中也不断思考:为什么而探究? 谁在探究? 却忽视了探究的乐趣是什么? 那么,怎样才能体悟历史的魅力,感知探究的乐趣呢? 笔者认为,注重历史细节在高中历史教学中的应用,是解决这一困惑的重要方式。反观中学历史教科书,多是宏观叙事,恰恰缺少了对细节的关注。这就要求我们必须针对目前的历史教学有针对性、有目的性地关注历史细节,培养学生的历史素养,以帮助其理性求真。只有这样,才能既使学生不断掌握思考、分析历史问题的方法,又激励其不断探索历史问题的愿望与能力。注重细节教学,会产生以下教学功能。

一、有利于建构充满生命活力的历史课堂

我们所谈论的历史,其实就两类:"事实上的历史"和"写出来的历史"。而中学历史教材上的知识,是狭义而又枯燥的知识,并且渗透了众多的意识形态和价值观,很难使学生在历史中感受到"我"的存在。熟悉了书本知识,能获取高分,甚至会有做学问的可能,但缺少了对生活的关注和对生命的关怀。我们追问历史,不应该只是我们茶余饭后的消遣或娱乐,也不应该仅仅满足于对历史事实的了解或发思古之幽情,我们应该深切关注与我们的命运与价值、存在与尊严等这样关乎个人或者社会命运的历史话题。而历史,恰恰能从无数个细节当中显出我们的人文关怀和反思。

当然,历史车轮的推进一般都由重大的历史事件推动,但是有时候,一个微小的细节也能准确地反映历史的重大演进,这就要求我们善于培养学生敏锐的眼光和独特的历史思维意识。

鲜活的历史需要鲜活的年轻生命来感受。学生历史知识的获取过程,就是学生与前人的交流、切磋、交融过程,也是学生不断塑造自我的过程。这样,通过引导学生对历史细节的真实感知和对人类前途与命运的追问,让学生站在人类文明发展的角度去鉴往知来,观察自己所生活的时代,憧憬美好的理想与未来。正如赵亚夫所言:历史知识的获取是具有生命性的,历史学习的课堂也必然是一个充满生命活力的课堂。由此观之,充满细节的历史课堂,就是要把那些看似固化了的历史如抽丝一般,丝丝缕缕地取出,让历史知识成为既可触摸又可感知、甚至能够聆听、能够畅想的鲜活素材。

二、有利于"活化"历史知识,增强历史学习的趣味性

历史是过去的历史,是凝固在文字、文物上的历史,是曾经鲜活的一个个事件、一批批人物、一条条制度、一幅幅精彩的艺术画面,是蒙娜丽莎的微笑,是断臂的维纳斯,是诸如《史记》一样"史家之绝唱,无韵之离骚"的历史典籍。历史知识的"活化",是以生动活泼的历史知识为背景的。然而,看看历史教科书中那些严肃生硬的面孔、望而生畏的文字、气势磅礴的宏观叙事,怎可能勾起学生浓厚的兴趣? 什么样的历史知识才是鲜活的呢? 学生眼里的历史又是什么样的呢? 我们经常看到学生沉醉于《中华上下五千年》《三国演义》《明朝那些事儿》等,却不愿意多看教材一眼,为什么? 我们评价一堂课的优劣,不是看学生是否乐于接受、是否有所收获、是否得到了"渔",而是看教师的教学设计是否规范,看教学流程是否完整,看学生的发言次数、活动气氛和他们对教师的配合程度,看这节课的基本知识落实了没有。一堂看似完整、紧凑的历史课,学生的真实感受却是索然无味,不得已而为之。为什么? 因为学生看不到"活化"的历史,体会不到历史的奥秘与魅力。

教学的有效性是针对学生的实际需求而言的,不是立足于教师"教"的完整性,而是立足于学生"学"的生成性。生成什么? 生成鲜活的历史知识,不仅生动、有趣、益智,而且蕴藏着丰富的生命力。[①]

古人说"六经皆史",今天我们说"百姓生活皆是史"。虽然受制于制度与分数,我们不能把历史课上成故事课,但并不意味着历史学习就要失去它原本该有的"鲜活"与趣味性。在历史与现实之间搭起一座桥梁,历史的鲜活性就自然而然体现出来了。

三、有利于对学生进行人格教育

历史教育的重要目标是人格教育,而人格反映一个人的特质与品格,

---

① 李秋雄. 浅议运用历史细节的"魅力"激活高中历史课堂教学[J]. 赢未来, 2018(6):54.

其本质是求得人的完善。因此,我们在历史教学中,应始终追求以人为中心,突出人格教育,强调历史本身对于人的意义和价值。《普通高中历史课程标准》对人格教育也有强调,要求中学历史教师在掌握历史史实的基础上,注重提升学生的历史意识和人文素养,以促进学生健全人格的养成,使其个性健康发展。所以,作为历史教师,我们应该呈现给学生有血肉的、充满人性关怀的、富有浓郁的生活气息又启发人思考的历史教育,从而不断激发学生的潜能,帮助其形成完善的人格。

在历史教学中,我们可以提供给学生众多可歌可泣、立体、形象的人物或者事件,以及纷繁、生动的图片、史料,创设新的情境,使学生如身临其境一般。在这些情境中,借助对特定环境中历史人物的评价,加深对"一般人性"和"变化了的人性"的体会和认同,从而引导学生形成自己的价值认同。

营造历史情境,需要历史细节的支撑,人性的魅力往往于细节处触动人。因此,在教学时要以情动人,给予学生更深的情感体验。我们就是要通过历史细节给学生呈现既有生的伟大,也有死的悲壮,既有成功带来的振奋人心,也有失败带来的遗憾落寞,潜移默化地让学生形成深刻的情感体验和对历史的感悟,并让这些情感经历深深印在学生心中,与其灵魂融为一体,从而积极促进学生人格的养成。但是仅有感性的认识是不够的,还要结合历史人物的性格特征,帮助学生理性分析,使情感和理智相结合,从而提高学生的认识水平。

正如孔子所说:见贤思齐焉,见不贤而内自省也。只有当感性的认识深入历史的血脉中,并转化为学生自觉的行为榜样,才能促进学生的自主建构,并内化为学生的人格特征。

四、有利于提升学生的质疑与判断能力

叔本华说:"记录在纸上的思想就好像我们留在沙滩上的脚印,我们或许能够看到某个人曾经走过的漫漫旅途,但若是想知道这个人看见了什么,就只能使用我们自己的眼睛。"历史教学也是这样。引导学生掌握一定的判断能力,不盲从、不流俗,是历史学习的重要目标,也是一个现代公民应该具备的基本素养。这就要求学生能够依据不同类型的史料对历史人物、事件、现象、结果做出或正面或负面的回答,能够从不同的角度、运

用不同的方法探究分析历史问题,从而能够准确理解并恰当运用相关的历史概念,对历史事件做出客观而恰当的评价。我们不能希图学生按照教师预想的路径走,应该鼓励学生发出与众不同的声音,甚至与"主流"观点不同的意见。因此,要提升学生的判断能力,就需要丰富多彩、不拘一格的课堂,就需要教师既把握好课堂教学的预设性与生成性,也不能过多地强调预设,让学生循规蹈矩。活跃的课堂需要尊重个性化的思考与判断,因为学习本身就是一种极富个性色彩的活动,学生自身也总是以个人的方式构建对事物的理解。运用好历史细节,是提升学生判断能力的重要途径。

五、有利于提升学生的质疑反思能力

古人有言:"学起于思,思源于疑。"可见,自古以来,质疑反思能力便是衡量学生综合素质高低的一个重要标准。培养学生的质疑与反思能力是提升学生思维能力的关键一环,也有利于学生独立人格的养成。提升学生的质疑反思能力,就是要引导学生能够感知丰富多彩的历史事实,并能够站在整体的高度去思考局部的事实;能够以客观、公正、求真、务实的方法和态度,反复思考历史事实,养成对历史的质疑、反省与批判精神。在实际教学中,教师应该鼓励学生在思考中质疑权威,让学生在浩如烟海的历史细节和书籍资料中,得出一个深刻的印象:教科书的内容是非常有限的,仅依靠教材以达到求知的目的是远远不够的。通过对教材知识和课外知识的扩充与分析,让学生既能准确理解前人的价值,又能看清前人的问题与局限,从而以理性的态度看待前人,由此对前人形成客观又公正的评价。想想看,假如我们的课堂没有质疑,也没有反思,这样的课堂该是多么枯燥与无趣啊。这样的课堂,我们只是帮助学生记忆所谓的"标准答案",因此我们不仅难以积蓄超越前人的力量,甚至和前人比肩而不得。所以我们要通过历史教学,特别是对历史细节的把握,鼓励学生大胆质疑、勇敢反思,以批判的眼光看待历史、洞察社会。

一个现象,多种认识,既是多元价值观的体现,也是学生个人认识和价值判断的反映。可见,怀疑和批判的精神,可以使学生不断积聚起超越前人的勇气和智慧,建构对事物客观公正的认识,由此做到"论从史出,史由证来",彰显"仁者见仁,智者见智"的情怀。

第三节 高中历史教学中历史细节运用的
必要性与可行性

一、历史细节在高中历史教学中运用的必要性

(一)历史学科的特点决定了细节运用的必要性

1.历史知识具有过去性和具体性的特点

历史的特殊性就在于它的过去性。历史不可再现,它既无法像数学那样可以通过推演得出,也无法像物理、化学一样能够通过实验再现。正因为历史是过去的、不能再现的,人们不能直接置身于历史事件中直观地去体验历史,而是要在史学研究工作者们的研究、考证和整理并形成文字性的描述的基础上,来间接地认识历史。同时,历史学科知识是一个包含多种历史事件的结构体系,涉及的时间和空间的跨度也都非常大。历史事件是指特定的历史人物或社会群体在一定的时空特征和地理环境中的所表现出的行为活动,具有特殊性和偶然性,离开了个别的、具体的现象,历史就被抽空了。鉴于这种过去性和具体性的特点,对于学生来说,如果要更好地认识和掌握这些间接性历史知识,必须要依据一些现存的信息来进行分析和理解。

2.历史教科书存在局限

历史教学受到各种客观因素的影响,不可能完整地展现人类发展的整个历史,只能选择历史一些上较为重要的人和事作为代表来传授给学生,让学生对历史进程中的产生的重大历史现象和特殊历史人物的行为有一个宏观的感知和了解,并对人类社会的发展规律有一个基本的认识。这种限制最直接体现就是在教科书的编撰上,特别是高中历史教科书,许多历史人物和历史事件在教科书上往往是用寥寥几句话就概括完了,甚至直接用上一句定论性的话来进行阐述。这种高度的精简概括的编撰方式,最直接的缺陷就是趣味不足。并且,现行的高中历史教科是采用专题的模式进行编写和排版,对历史事件的叙述仅从政治、经济或文化等特定的角度进行分析,这种编撰模式会对学生完整地认识历史事件产生阻碍,也不利于学生形成正确的历史时空观念。

这种种因素使得学生在阅读教科书时,会对书中涉及的历史人物和历史事件缺乏真实感,对于历史事件的发展一知半解,也就导致学生很难更深入地探讨和理解历史,隔断了学生的知识脉络,使学生难以对历史事件和历史人物做出正确的认识和评价。正是由于历史学科的这些特点,历史教师在进行课堂教学时,往往需要借助一些形象的、具体的历史要素,来引导学生更好地认识和理解历史、建构历史知识结构体系、形成历史感悟和历史意识、并且培养历史思维能力,从而更有效地实现教学的目的。

(二)历史教学要求纠正学生因影视资源泛滥而产生的对历史认识的偏差

近年来,历史题材的电视电影十分火热,成为除了传统的史学著作和历史教科书外,学生接触历史、获取历史信息的重要渠道。很多老师常常将历史题材的影视资源运用于历史课堂,这些影视资源通过声音和画面的结合,将无法复现的历史事件生动直观地展现在学生的眼前,调动学生学习历史的积极性,刺激学生探究历史的欲望、巩固对相关史实的记忆等方面都有着很大的作用;并且还能够通过影视剧中营造的氛围,充分地调动学生的情绪、触动他们的情感、引起他们的共鸣。

但是各种历史影视资源的形式和真实性是不尽相同的。有尽可能地还原历史真相的历史纪录片,也有以基本历史为背景和素材、把历史塑造成真实感人的电视剧和电影,甚至扭曲历史事实、篡改历史人物事迹,以吸引观众眼球提高收视率为主要目的戏说历史剧。在这其中,尤以后两种特别是戏说历史剧更受欢迎和追捧。但是这些历史剧的质量却是良莠不齐,一些影视剧中为了吸引观众会张冠李戴地将不同时代的历史人物和事件放在一起,混淆学生对于历史人物和历史事件之间联系的认识;有些影视资源中还会宣扬一些错误的、不利于青少年成长的观念,也会对学生的认知和生活产生不利的影响。学生受知识储备和阅历的限制对影视资源的质量也难以分辨,甚至有些学生将影视剧中出现的一些错误的历史事件和人物当成真实的历史。对于这些影视剧中描述的历史人物和事件,学生既充满了好奇,又缺乏一定的分辨力,这也给现在的历史教学提出了新的要求:教师在进行课堂教学时,要适当引入一些生动的、典型的具体史实,来帮助学生纠正因观看影视剧而产生的知识和认识的偏差,形成正确的历史认识和正确的价值观念。

（三）学生认知和思维发展的需要

在高中阶段，学生的自主思维能力进一步加强，抽象逻辑思维逐渐取代形象思维习惯成为学生最主要的思维活动，他们思维的批判性和独立性相较于初中时期都有很大地增强。他们通过独立的思考辩证地看待历史事件和历史问题，乐于探究问题产生的缘由，并且能够自主地找出解决问题的有效途径。但是在认知发展上，高中生的知识储备还非常有限，也没有形成系统的、完整的知识结构体系，还不足以支撑他们独立地完成对历史事件或者历史人物的认识和评价。同时在生理和心理上，他们无法持续性的将注意力集中在学习中，他们的学习动机更多地在于间接性的兴趣。

基于高中生认知水平和思维发展的需要，教师在教学过程中要提供一些生动的、典型的、具有启发性的历史细节，帮助学生开拓思维、探究和思考历史问题、从而辩证地评价历史事件或历史人物。

（四）课程资源开发的需要

课程资源是开展课堂教学活动所依据的必不可少条件。历史课程资源既包括教科书、教学媒体、电子图书馆、历史及战争纪念博物馆、历史遗迹和古文献等多种物质资源，也包括学生、教师及社会群体等各种人力资源。随着课程改革的深化，课程资源的开发和利用已经不再满足于仅仅用来佐证课文和激发兴趣，而是成为开展历史教学、促进历史探究、达成课程目标的必然要求。历史细节是推动历史事件发展的重要因素，也是历史教师寻求教学素材的重要来源。教师在课程资源开发时，首先就要对教科书进行开发，挖掘教科书中的隐性信息，从教科书简练的文字中挖掘出其背后隐藏的历史细节。[①]

二、历史细节在高中历史教学中运用的可行性

（一）史学研究的新进展为历史细节运用于教学提供了视角

随着时代发展，史学研究的进步与深化，史学研究视角更新、视野扩大、史学研究新成果不断涌现，为历史教学运用细节提供了资源与新视野。

20世纪中后期，西方史学界兴起了一股反对历史学研究过分强调科

---

①阮亚芬．于细微处见精神在审视中品历史——浅谈细节在中学历史教学中的运用[J]．教学月刊：中学版（教学参考），2010(8)：30-32.

学化和社会化的思潮,认为以传统的计量史学、年鉴学派、社会科学史学等为代表的史学流派的研究有着明显得不足之处:一方面忽视了历史发展中的人,过于注重地理和经济结构对历史发展趋势的决定作用;另一方面,忽略了历史发展中引发不同民族历史差异的一些突发事件,而是片面强调能够体现地理和经济结构变动的长时期的历史和反映进程相对漫长的历史走向的中时段的历史。这使这些史学流派的研究陷入了僵化。基于这种现状,微观史学、口述史等新的史学流派也应运而生。

20世纪七八十年代,以微观史学为代表的侧重于研究历史上个别的、具体的、容易观察的事物的史学新思潮在开意大利始兴起,并对此后的历史研究有着非常大的影响。但是微观史学家并不是主张仅仅局限于对某个微观现象的孤立研究,而是主张尽可能地通过研究微观现象同时看到或折射出其他方面的现象。例如,研究某一个人,那么既要研究影响这个人的发展有关的一些可能的方面,包括他的生平、社会关系、爱好、观念等,又要探讨这个人的变化与其周围的社会环境之间的关系,见微而知著。这不仅为历史教学提供了大量具体、生动的细节,也为历史教学提供了新的视角:在历史教学中,可以借助历史细节这一显微镜,指引学生了解和认识历史人物或者历史事件,理解历史发展的规律,通过呈现多种角度的细节来引导学生全面地认识和评价历史人物和事件,引导学生辩证地分析和处理历史问题,并逐渐培养学生的历史思维能力。

20世纪40年代以来,在美国出现了具有现代意义的口述史研究趋势。梁景和提到现代意义上的口述史,指的就是借助一些电讯工具,针对一些相对来说较为特殊的个体或社会群体通过录音或访谈等方式,获得对于某一研究课题具有重要意义的第一手口述资料,并在此基础上,进行筛选、整理、分析等活动形成认识的一种史学研究方法。近年来,国内的史学界也越来越重视口述史方面的研究,出现了一些和口述史相关的文献和著作,如北京大学出版社出版的《口述自传丛书》《最后的记忆——十六位旗人妇女的口述历史》等。一些教育工作者,也提出将口述史和历史教学相结合,并出现了一些研究成果如李美荣、李珍梅的《口述史在高校历史教学中的应用价值》,刘新玲、翁高花的《口述史实践教学模式研究》,史丽娜的《口述史在高中历史教学中的运用》。口述史通常能够提供很多生动具体的描述,极大地丰富课堂教学的资源,这为历史细节运用到历史教学中提供了更多的可供选择的历史细节,也为学生从不同的视角分析历史事件提供了资源。

(二)教学方法的多样化为历史细节的运用提供了环境

随着新课程改革的不断推进,越来越多人认识到,通过以往的灌输式的教学方法,学生的身心发展需要并没有得到很好地满足。基于这种共识,历史学科的教学方法也在不断改进。在实际的历史课堂活动中,越来越多的教师会选择史料研习法、情境复现法等教学方式去组织教学,这也为充分发挥历史细节的作用提供了施展的平台。

1.史料研习教学法的发展为历史教学提供了更多细节

根据史料的类型,一般可以将史料分为文献史料、实物史料、图片史料等。史学家依据史料的不同特征对收集到的信息采用不同的方式进行考证和研究从而还原历史的本来面貌,并按照一定的逻辑排列整理成册用以传阅。历史细节是构成历史事件的基础,同样也是一种特殊的史料,它既能够通过文字史料直接展现出来,也可以从图片或文物遗存中挖掘得出。一方面,史料研习的教学方法的发展,为历史细节在课堂的呈现提供了环境,教师可以通过对史料进行深入地挖掘,从而发现其中反映的历史细节;另一方面,在史料研习的教学模式中,教师可以通过对史料中包含的历史细节进行深入挖掘和探讨,深化学生对历史的认识,从而快速达到史料研习教学的预期目标。

2.情境教学法为细节的呈现提供了环境

情境教学法就是在教学过程中,以合理的教学目标为导向,依据本课历史知识,结合学生的认知水平创设一些学生喜闻乐见的、直观形象的、利于情感体验的历史情境,从而吸引学生的注意力,增强学生的情感体验,诱发学生的思维探究,最终达到情知优化升级的目标。合理的情境创设,离不开历史细节的再现,同样情境的创设也会历史细节作用的发挥提供肥沃的土壤。

在运用情景教学法进行课堂教学时,可以充分地运用生动、典型的历史细节,即运用细节创设真实的历史情境、引导学生"神入"情境,在特定的情境中通过典型的细节来感知历史体会历史人物的情感,理解历史事件的发展进程,进而达到情境教学的目的。

在课堂中深入运用史料研习法、情景复现法等方式,为历史细节作用的发挥的创设了理想的环境。历史细节的呈现也能为更好地分析史料、创设情境提供助力,从而形成更理想的教学效果。

(三)多媒体等教学手段的普及为历史细节在课堂的呈现提供了媒介

教学手段为落实教学目标,实现教师与学生间知识的传递提供媒介。随着社会经济和科学技术的发展,现代化教学手段已经广泛进入到高中历史课堂。多媒体等教学手段的推广和普及,为在高中历史课堂教学中更好地呈现历史细节提供了更加广阔的空间。

利用多媒体手段,教师能够充分的展示更多的历史细节。一节课的时间是有限制的,传统的教学手段主要依据语言为媒介,借助普通教具为媒体,能够承载的教学信息有限,受课堂时间的限制,无法展示太多的历史细节。而多媒体等教学手段,则能够承载更多的信息,教师可以通过图片、音频以及视频等多个角度呈现更多的历史细节。

第四节 高中历史教学中历史细节运用的策略与反思

历史细节运用于历史教学,能活化历史知识,发展学生的历史思维能力,帮助学生感受历史的魅力。历史细节运用教学过程包括:教师和学生对历史细节的搜集、教师有效地传输历史细节、学生对历史细节的鉴别和领悟。在整理搜集环节要把握以下几条基本原则:科学性、典型性、生动性、贴近学生生活实际;在细节运用的时机上,要因时制宜,导入、重点、难点、小结时,发挥细节的点睛之用;在细节教学时,教师要注意教学语言的客观性和生动性相结合;在细节和整体的关系处理上,要以小见大,切忌因小失大。历史细节的教学对教师专业成长提出了更高的要求。

一、历史细节运用的策略

(一)历史细节的搜集、整理和选择

1.历史细节的搜集、整理

细节运用的前提是掌握丰富的细节素材,将历史细节作为教学资源引入课堂,需要落实开放的课程资源观。基础教育课程改革倡导大课程观,认为课程作为教学信息的来源,包括课程设计、实施和评价等整个课程编制过程中可以利用的一切人力、物力以及自然资源的总和,不仅包括教科书、参考书等传统物质资源,还包括学科专家、教师、学生等人力资源。因此,在课程开发过程中,教材作为最主要的课程资源,教师要充分挖掘教材中已有的历史细节。同时,学生作为课程资源的一部分,教师应善于把学生的已有经验、兴趣和差异作为课程资源,使教学内容更贴近学生生活。此外,学生还是课程开发的主体之一,在教学过程中,教师充分挖掘学生的探究能力,让学生搜集资源。这一过程,可以是在课前提前布置,也可以是在教学过程中动态生成,利用问题等形式来引导生成。

如在探究宗法制对现实生活的影响时,胡文强老师设计了一个调查表格,指导学生在课下从以下几个方面的细节调查:族谱(包括家族的姓氏来由、辈分排列等)、关于祭祀祖先的时间和方式、家族中墓碑的排列。在调查过程中,学生初步了解了怎样广泛地获取历史资料。在这一案例中,教师把学生的生活经验引入课堂,将历史教学和学生生活紧密联系起来,真正唤起学生的主体意识。

2.历史细节的选择

(1)选择科学的历史细节

历史研究虽然不同于历史教学,前者的目的在于探究历史的真相,后者则是为了育人,然而历史研究和历史教学不可截然分开,历史知识是历史教学的基础。历史教学三维目标包括知识与能力、过程与方法、情感态度与价值观,学生历史思维能力的提升是在历史知识学习过程中达成的,历史的解释也需要学生具备相应的情感、态度与价值观。细节就像汇成茫茫史料海洋中的无数小支流,看似不起眼,但却是构成浩瀚历史海洋的基础,细节浩如烟海,真伪混杂,必须慎重考查细节来源。有些细节是后人杜撰,有些出于政治需要经过篡改,有些经过坊间口口相传已经面目全非。选择科学的历史细节是保证教学内容科学性的基础。

(2)选择能"以小见大"的历史细节

历史教学的重要任务之一就是探究历史发展规律,认识历史发展的大趋势,全面理解历史发展的整体性,从而形成正确的历史观。然而,许多教师在教学时结论多,史实少,以致课堂空洞无趣。但是我们能选择能以小见大的历史细节来填补这一缺憾,并且通过细节来展现宏观背景和事件。

(3)选择能"画龙点睛"的历史细节

历史细节的教学要服务于教学主题,围绕教学目标展开。在人物教学时,选择能突出人物个性,反应人物性格多面性的细节;在历史事件教学时,选择反映事件冲突高潮的细节;在历史情境教学时,选择能突出历史情境特征或感情色彩的细节。细节不仅是锦上添花,更要点化课堂,使学生感受历史的魅力。

(4)选择贴近学生生活的历史细节

"一切历史都是当代史",历史细节不一定是远离人们生活的尘封记忆。选择学生生活中的细节,让学生的历史学习成为一个从感知历史到不断积累历史知识,进而不断加深对历史和现实的理解过程。课程标准强调历史教学要面向全体学生,意味着历史课程体系必须符合学生学习特点和需要,从学生的生活经验出发。历史教师应摆脱单纯的学科本位意识,真正树立起以学生为主体的课程观。在以学生发展为本的观念指导下,充分挖掘各种资源的教育价值。在了解学生心理和认知发展水平的基础上选择合适的教学资源。

(二)历史细节的组织和呈现

1.合理合时组织运用细节

细节的运用要讲究时机。以生动形象的细节导入新课,能激发学生兴趣,启发学生思考;补充适当细节可以凸显主题;在教学难点处利用细节加以点播,能深入浅出,化难为简;小结时以小见大,升华主题,陶冶情感。

(1)导入新课

课堂导入是课程开始时教师为了让学生进入学习准备状态,将学生注意投向教学目标的活动。课堂中要吸引学生的兴趣,要先发夺人,吸引学生注意,产生学习动机,诱发探求欲望,从而达到"课未始,兴已浓"的愤悱状态。因此导入环节至关重要。合理的导入,或能营造良好的学习氛围,或如一把钥匙,启人心智,或能让学生神入历史情境。然而导入又不可费时过长,短小生动的历史细节,既能吸引学生兴趣,又因生动形象而能创造情境,还因具体而能动人心弦。

历史知识的过去性、不可复制性和间接性,决定学生往往需要借助直观历史材料形成历史表象。

（2）凸显主题

新课程的突出特点之一是课程目标具有开放性，然而这不代表教学不分主次。教学目标对学生的学习能产生聚焦作用，这说明教师应该让学生了解所学课程的目标，并且在多层次目标中设置核心目标。课程的核心目标可以是历史知识、方法训练、学科能力或者情感态度价值观。教学要有主题，有核心。高中历史专题式教材高度浓缩，教材提供的材料极其有限，因此要借助史料来进行深化拓展。此外，高中历史教学课时偏少，课堂中不能盲目堆砌史料，或者选择冗长繁杂的史料，因而需选择典型、生动的历史细节来凸显主题。细节虽小，但是不可忽视，在具体细节的分析、感悟过程中，学生学会用历史的眼光看问题，在情感的撞击下内化自己的情操。

运用历史细节凸显主题，需要注意宏观和微观的结合，注意表象和理性的结合。在细节运用时，教师不能以职业艺人的方式，在博取学生欢心时，忽视了对理性历史的思考，忽视利用微观细节建构宏观框架。

（3）巧释难点

历史教学中，为突破学生的认知障碍，往往需要在教材陈述的史实和结论之外补充史料，加深学生的理解和认识。这时往往需要选择能服务于教学目标、通俗易懂、生动、趣味性强的材料，才能激发学生探究的欲望，并且由浅入深地解决问题。

（4）小结升华

细节呈现的是历史长河中历史人物平凡人性的特征，是历史事件发展的部分篇章，而这些普通的个案或片段，往往却能发人深省。历史教学要渗透思想性，生硬的说教肯定是无效的，教学时通常需要遵循从具体到抽象、由感性到理性的规律。在呈现具体史实后，教师要及时带领学生发掘其中的思想性。小结可以是在一堂课结束前，也可以是一个教学片段结束前。

2.历史细节的呈现

课堂中历史细节的呈现有多种方式：讲授法、多媒体展示等。然而历史细节因其生动性、直观性等特点，无论是用多媒体呈现还是口头讲授，都离不开教师的讲述。讲述是教师运用生动形象的语言，对历史事件、历史人物等进行系统的描述、描绘或概述的讲授方式。讲述又可细分为叙述、描述、概述。叙述是老师按照时间顺序,对历史人物的主要活动和历史事件的发展过程进行具体的讲授。描述是对于某些重大历史场景、典型历史现象、历史人物的特征和行为,用具体细节和生动语言进行描绘。其特点是真实、入木三分,使学生对历史实际情况的感受更为强烈。

讲述历史细节要求老师要遵循以下几个基本原则:准确性、生动性、时代性、思想性。

(1)准确性

史实表达要准确。在一些史实的表述上,不能出现知识性的错误、概念的混淆。细节描述是语文中的一种写作手法,它要求对人物性格、故事情节的发展、环境做细致入微的描绘,从而增强语文作品的感染力和真实性。然而求真是历史教学的基本原则,因此历史课上的细节讲述不同于语文写作,准确性是基础。有些老师为了增强语言的感染力,喜欢使用文学中的修辞,但有时过于夸张,则会影响学生对史实的判断和认识。随意夸大史实,会适得其反。历史细节的呈现必须以准确性为前提。

(2)生动性

凸显历史细节的生动性,要求我们运用图片、视频、直观教具构建真实、生动的历史情境,并以教师生动形象的语言描述、饱满的情绪。历史细节的生动性,不仅体现在故事情节本身的生动上,还需教师以生动的讲述来呈现。文史不分家,一堂生动的历史课离不开教师生动的语言刻画,一个优秀的历史教师多半会是一个善于讲故事的人。

形象刻画历史人物细节。微观史学强调个人的作用,为了突出人物个性,要用细节刻画人物的形象和心理活动,需要教师运用生动的语言来呈现,突出人物的情感。教师富于感情的语言描述,唤起了学生的情感体验,激发了学生与历史人物之间的情感共鸣,突出了人物的个性特征。

生动再现历史事件细节。教师利用生动的语言刻画历史情境细节,构建真实情景,使学生神入历史,体验历史,深化认识。学生在故事中听到了比文字语言更多的声音、动作,这一情景细节带给学生更加真实的历史体验。

（3）时代性

中学教学是基础性教学，不等同于专业教育。在历史研究走向大众化的今天，历史教学更无须死守阵地，过于注重概念的考据。

二、中学历史教学中细节运用对教师的要求

课程改革推动了课程开发、实施、评价等全方位的变革，对教师的专业成长提出了挑战。强调对历史细节的利用，既是为了改变当前历史课堂中历史教学空泛、无趣的现状，也是为了弥补历史教材史实容量有限等问题。然而，历史细节运用，涉及对历史细节的积累、鉴别以及生动的呈现，迫切要求教师不断提升自己的教学素养。

（一）关注史学研究新动态，积累更新学科知识

历史学科知识是历史教学的基础，细节的运用建立在教师掌握丰富、具体、准确的史实基础之上。除了要神入挖掘教材之外，还要求教师大量阅读。历史研究的发展，推动了历史知识的不断更新，历史解释随着新的档案资料的发掘、新的研究方法的使用不断变化，然而历史教材的更新周期却很长。这需要教师在掌握充分史实的基础上，大胆调整、补充或质疑。对于细节的鉴别和选择更是对老师的考验，我们虽无须像考据学家那样字字斟酌，但是也不可随便拿来使用。大量历史题材的小说或者影视资料中的细节，虽然描述生动，但是很多是主观臆想，容易误导学生。历史是严肃的，老师的语言却可以是生动的，但是必须尊重历史。如何引导学生正视历史？教师嘴中的历史，不应是轻佻浅薄的，而是厚重严肃的；教师决不可信口开河，而应有理有据。微观史学、叙事史学等史学流派的发展，推动了历史书写的大众化，历史研究对象的大众化、个体化，为教师掌握大量历史细节奠定了基础。历史教师要密切关注学术动态，及时更新历史观念和史实，才能在信息泛滥的今天，给学生以正确的价值导向，发挥历史的教育功能。

（二）练好教学基本功，注意讲授法的合理利用

细节是生动、具体、具有启发性的。因此，要生动、形象地呈现历史细节对教师的教学技能也提出了要求。在习惯了平铺直叙地讲授历史结论、宏观规律后，面对历史细节，许多教师有些手足无措。虽然课程改革改变了传统的满堂灌的教学模式，但是历史学科的特殊性，决定了讲授法仍然

是最主要的教学方式,因此,教师要练就一张好嘴。发挥教师语言的魅力,需要利用细节构建历史情境、展现人物的个性和生命、激发学生的想象,触动学生心灵。在信息技术迅速发展的今天,课堂教学模式发生了巨大变化,教学资源的传输交流方式日益多样化。然而教师的主导作用不可湮没在机器之中,学生深层次的思维活动离不开教师的引导。静态的文字、图片或实物等传达的信息、历史情节的发展、人物的行为活动的需要在教师的引导下由学生发现,或者经过教师的演绎。

第八章 高中历史分类教学方法与策略设计

第一节 高中历史时间的教学方法设计

历史,是关于人类社会发展的具体过程及其规律的科学。历史发展的过程,就处在时间的演变之中;离开了时间,就很难表明历史的演变过程,更看不清历史事件的因果联系和发展规律。中学历史课本涉及古今中外许多史事,因而,正确而清楚地讲好年代,并让学生记忆一些重要的历史年代,使学生理解历史事件发生的前因后果,分析历史事件发生、发展的内在联系,掌握历史发展的基本线索,提高历史教学质量,都是十分有必要的。

一、严格按照年代顺序讲述历史

时间概念对历史科学的重要性,早就为中外史学家所注重。从古到今,一般的史书都是按时间先后即按照年代发展的顺序编写的。我们现在所采用的中学历史教科书,无论是中国史还是世界史,都是按时间、年代讲述历史的主要大事。因此,按照时间的顺序讲授历史,是保证历史教学的科学性、系统性和思想性所必需的,也是帮助学生理解和掌握历史基础知识的一个重要途径。历史教师在教学中要用各种方法阐明历史事件之间的因果关系,阐明历史的发展变化过程,而要做到这一点,就必须讲清时间概念。在课堂上,教师在讲述史事发生的原因和过程时,可把重要事件和有关年代写在黑板上,最后自然形成一个简要的大事年表,然后由教师在进行课堂复习巩固时,把年代与知识结合,帮助学生理解和记忆。

二、要让学生理解和掌握重要时间概念

首先,要让学生掌握纪年的知识。对于中学历史课本上所涉及的公历

纪年、王朝纪年、干支纪年等知识,教师应做必要的介绍。公历纪年:是世界上多数国家采用的一种纪年法。中学历史课从教材到课堂教学都是以此为主的。但中国史中还采用了朝代纪年法,教学中应注意两种纪年法的换算。

现在农历的年份仍用干支。学生有了这方面的常识,就能够理解如"辛酉政变""甲午中日战争""戊戌变法"《辛丑条约》"辛亥革命"等历史名词的由来,并且可以掌握多种纪年的方法。[①]

其次,要让学生正确地掌握表示时间的术语。

再次,要让学生正确理解时间概念的科学含义。时间概念有单纯的时间概念和逻辑的时间概念,前者只是记述一定历史年代,后者则是包含每一个历史上的时间所联系的丰富生动的历史内容及其在历史上的地位、作用、影响。把时间与内容结合起来,所形成的观念,便是很有意义的逻辑时间概念了。

三、指导学生掌握记忆历史年代的方法

(一)联想记忆年代

教师在讲课时,恰当地把年代和历史事件联系在一起,让学生了解历史事件的相互关系,在理解基础上,用联想方法进行记忆。

(二)排列年代数字顺序

(三)联系推算记忆年代

(四)分类归纳记忆年代

通过分类归纳,不仅能掌握时间,而且对历史事件不容易混淆。

(五)同年代事件放在一起记忆

也称横向记忆法。

通过这种记忆,以帮助分析某一历史事件发生的时代背景,更好地理解历史事件发生的前因后果。

(六)利用年代特征记忆法

[①]王修乐.高中历史教学方法与策略研究[M].北京:团结出版社,2020.

第二节 高中历史事件的教学方法设计

一部人类历史,在很大的程度上是由一个个大大小小的历史事件组成的。这一点古人就懂得。中国最早史官的任务就是"书事记言",所谓"左史记言,右史记事"《汉书·艺文志》。编年体史书《春秋》,是记事的史书。刘知几在《史通》中说得好,古史中记言记事两种史书的典型是《尚书》和《春秋》,"言为《尚书》,事为《春秋》"(《汉书·艺文志》)。南宋时,有了专门记事的很好的史书体裁—记事本末体,更是把对于历史事件的叙述推向了新的高峰。从这些记事史书和中学历史教学实践中,总结一下,可以看到讲述历史事件要注意以下的问题。

一、弄清楚历史事件的结构

古往今来的历史事件,无论其大小,也无论其在历史上的地位如何,都由六个部分内容组成:一曰时间。任何历史事件都发生在一定的时间,没有无年无月无日的所谓历史事件。二曰地点。这是历史事件赖以展开的空间地域。前面已经提到,它同样是组成历史事件的基本要素之一。三曰背景、爆发原因。说的是历史事件不过是历史长河中的一瞬和历史联系性的特点。就像是没有无源之水,无本之木一样,没有背景与爆发原因的历史事件也是根本不存在的。正是由于历史事件有这部分组成内容,所以历史事件才是有规律可循的,而不是可以任意发生的偶然巧合。四曰人物。人类历史的前提是因为有人存在,人们的创造活动就是历史。任何历史事件都必须借助于具体的人物(包括人民群众和杰出个人)活动,才能够演出于历史舞台。人物同样是组成历史事件的基本要素。五曰事情。这就是历史事件本身的进程和经过了。没有事件经过与情节,一个历史事件就只能是抽象笼统的公式,而不会是活生生的历史。六曰意义、影响。这部分内容指的是一个历史事件对于整个人类历史所产生的作用与结果。意义和影响可能是积极的,也可能是消极的,可能是巨大的,也可能是微小的,但是,总会由于这个历史事件的爆发而影响于当代与后世。

对于组成历史事件的这六个部分内容,教师在备课时,首先要弄清楚,在讲课时讲清楚,然后再要求学生确实掌握。它们是检验教师和学生是否完整准确地了解了一个历史事件的一般标准。

二、讲好历史事件的经过

经过,是一个历史事件的主要内容。教师能够把一个事件的经过讲好,这个历史事件就能够栩栩如生地再现在学生面前;在这个基础上,才能引导学生更为深刻地认识历史事件的本质,对它做出评价和揭示历史发展规律。很重要的一部分思想政治教育内容,也是通过事件的经过,才能够给学生以感染和熏陶,而得以实现。

具体说,讲好历史事件的经过,要做到以下几点。

第一,严格按照时间的顺序,并且把经过分出阶段,进行讲述。一个历史事件总有自己的开始、中间和结束的过程。教师讲述时必须按照其进行的时间顺序,有始有末地将事件叙述清楚。历史是十分复杂、充满矛盾的,反映历史事件发展过程的情节也是十分复杂和曲折的。只有把这些真实的情节反映出来,才能使学生了解历史是曲折复杂而又有规律可循的。

作为一个历史事件的不同发展阶段,往往体现着事件的量的发展与质的变化。教师在讲述一个历史事件时,一方面固然要着眼于讲述它的主要过程,讲述它的来龙去脉;另一方面对于事件过程中的阶段必须给予关注,要条理分明、层次清楚地讲出一个历史事件发展的不同阶段和这些阶段的依次递进。这样讲述的历史事件,才能够给学生以深刻的印象,对于尔后的分析工作,也会自然地提供出清晰的思维基础。[①]

第二,历史事件的过程要具体,应该有情节的描绘。一个历史事件的发展过程,主要就是要具体地用叙述和概述方法,将其讲出。有详有略,详处叙述之,略处概述之。要有情节,也要有"特写镜头",这就需要使用描述的方法。在整个叙述、概述和描述中,都要始终贯穿以准确的时间、驰骋的空间地域和生动的人物活动。

第三,要"寓论断于序事之中"。历史事件的经过是历史的实体,人们对于它的评价,唯一的依据是经过的本身。因此,讲事件经过时,要组织好它的内容,使之寓评价于序事之中。不难看出,讲述历史事件的经过,并无须于其中掺杂教师过多的批评,只需讲好事实的本身,论断也就自然

---

①刘宗丽.高中历史教学方法研究与实践[M].沈阳:白山出版社,2016

地"寓"于其中了。最后,教师再画龙点睛地做出扼要评价,学生就会领悟到这段历史的真谛。

第四,结合必要的直观教具。首先是历史地图,它是历史事件动态发展的舞台。只是口说而不使用历史地图讲述历史事件的经过,不会给学生以清楚印象。其次是历史图画,包括有关人物画像和历史场面想象画。这些直观教具,可以与教师的生动讲述相互配合,从视觉、听觉两个方面影响学生,会大大加强学生对于历史事件经过的真实感受,有的时候甚至给学生以一种身临其境的感觉。不言而喻,这样的教学效果一定会很好。

三、透过历史事件现象,分析本质,讲出前因后果,揭示历史规律

教师在教学中一般都有这样的体会,对于一个历史事件,容易注意、重视它的经过部分,教师爱讲,学生爱听,但是,却往往是课堂上热热闹闹,下课以后除一些生动的情节外,学生的思想认识、思维能力却感到没有什么提高,久而久之,就会感到乏味。这是因为对于历史事件缺乏分析,教学深度不够的缘故。为了解决这个问题,教师在生动具体地讲述一个历史事件过程的同时,还要注意讲出它的前因后果,分析其本质,从中揭示出某些历史规律。

第一,说明历史事件发生的背景和爆发原因。

一个历史事件的背景往往是复杂的,教师要过细地给学生据实分析。

只有讲清楚了历史事件的背景,学生才能够从规律上认识历史事件爆发的必然性,并更加深刻地了解事件的过程和它对于历史发展的作用、影响。这些地方多着些笔墨,多用点时间,然后再讲整个历史事件的经过时,学生就会觉得有深度,听起课来也会有味道,而且从中培养观察、

分析问题的能力和受到历史唯物主义的思想政治教育。一个历史事件爆发的原因,又可以分作远因(或曰根本原因)和近因及导火线。前者就是这个历史事件的背景,后者往往以历史偶然的形式出现,实则蕴含着事件爆发的必然。只要有了根本原因,这个历史事件迟早是要发生的,但是,历史又是复杂的,它又常常是以近因和导火线的形式,引爆这个事件。前者是历史事件的必然性,后者是它的偶然性,也正因为有后者,历史事件才呈现出具体多样的特点,才表现为千姿百态。

第二,揭示历史事件的性质。教学中揭示出历史事件的性质,才赋予

这个历史事件以"灵魂"。才使得这个事件"由浅入深,由表及里",由表面现象,深入到了本质。这正是认识过程中,由感性上升为理性的规律在讲授历史事件中的具体体现。

如何才能够做到这点? 关键是"寓"分析于讲述事件过程之中,有的可于讲完事件经过后"画龙点睛"地做出扼要的分析。另外,讲好背景及意义,也是揭示历史事件性质必不可少的因素。

第三,分析好历史事件的意义和影响。一个历史事件的意义和影响,对于历史的发展,有的时候当时即有表现,有的时候则需要若干年以后乃至在长久的时间内才能够体现出来。

历史事件的影响,往往还表现出了十分复杂的情况。

凡此,就要求历史教师掌握全面、辩证的观点,实事求是地从当时历史事实和对后世影响的事实上分析历史事件,给学生以启发,培养学生对于历史的思维能力和分析方法。

第三节 高中历史人物评价的教学设计与应用

众所周知,历史是由时间、地点、人物、事件等几大要素构成的。其中,人的活动毫无疑义地占有最重要的地位。马克思和恩格斯说,"任何人类历史的第一个前提无疑是有生命的个人的存在","有了人,我们就开始有了历史",而且"历史不过是追求着自己目的的人的活动而已"。这就明确告诉我们,掌握评价历史人物的能力在历史研究和历史教学中具有特别重要的作用。它既能让我们通过把握历史人物的活动实质更深刻和更准确地提示历史发展的客观规律,又能使我们从各类历史人物中总结和汲取有益的经验教训,继承发扬优秀的历史传统,提高认识问题和分析问题的能力。

一、评价历史人物的基本标准

对历史人物,应根据他们对历史发展、社会进步在客观上所起的推动或阻碍作用,对人民有利还是有害而予以肯定或否定,这是评价历史人物的基本标准。只有明确标准,才能以辩证唯物主义和历史唯物主义为理论指导,正确地评价历史人物。

二、评价历史人物的重要前提

(一)严格的历史性

列宁指出:"在分析任何一个社会问题时,马克思主义理论的绝对要求,就是要把问题提到一定的历史范围之内。"这就是说,评价历史人物时一定要把人物放在他所处的历史条件下来进行,决不能脱离当时的社会现实。只有这样,才能避免一些错误倾向:①用今天的标准去苛求古人;②对历史人物的局限性估计不足,不妥当地拔高、颂扬古人,把古人现代化;③把古人与今人简单类比,牵强附会。因此,在中学历史教学中一定要提醒学生,使他们认识到历史背景的重要性,以历史背景、时代特征为突破口,对历史人物进行评价。

(二)科学的阶级性

一般来讲,历史人物是生活在阶级社会之中的,因此,对历史人物还应进行科学的阶级性的分析。这就要求评价历史人物时,既要看历史人物的出身,更要看历史人物是为哪个阶级服务的,对哪个阶级有利,同时还应注意历史人物的复杂性。绝不能简单化,唯成分论,一刀切。如对封建统治阶级中的历史人物全盘否定,对农民阶级中的历史人物完全肯定(这是中学生评价人物时最容易犯的错误)。要避免这种错误,教师就应向学生讲清两点:①阶级是不会改变的,但个人是可以转变的。列宁说"阶级是各不相同的",但"个别人可以从一个阶级自由地转到另一个阶级"。②相同阶级出身的人可以走完全不同的政治道路。

(三)充分的全面性

"评价人物和历史,都要提倡全面的科学的观点,防止片面性和感情用事,这才符合马克思主义"。因此,评价历史人物要用矛盾的眼光看待历史人物,要重视必然性和偶然性之间的关系等。评价历史人物应注意其个性特点,如品质、气节、修养、性格等。因为在相似的历史条件下,地位相近的历史人物,他们的表现和作用并不完全相同。如同是封建帝王,隋炀帝气度狭隘,对一些才能突出的诗人也要杀之而后快;唐太宗则胸怀宽广,善于纳谏。当然,个性特点并不是评价历史人物的主要标准,主要标准是看历史人物对历史所起的作用。另外,应注意主观动机和客观效果之间的关系。历史人物行动的主观动机和客观效果往往并不一致。如秦始皇建立郡县制为的是使他的统治"传之万世",但客观上中央集权制的建立对中国历史的发展起了很大的推动作用,对后世产生了深远影响。汉武帝派张骞出使西域,为的是联络大月氏夹击匈奴,解除匈奴的威胁,却加强了民族间的联系,开辟了丝绸之路。因此,在评价历史人物时,应该把动机和效果结合起来,只有以客观效果为主要依据,同时结合主观动机,才能对人物进行辩证的全面的分析。如果只强调效果,忽略动机,学生就不能,掌握正确、客观、辩证地认识历史人物、评价历史事件的能力。

三、评价历史人物的两种基本方法

(一)分阶段评价

对历史人物可根据其一生活动的主要阶段进行评价。

(二)分方面评价

对历史人物也可以根据其一生活动的不同方面进行评价。如唐太宗,我们可以从政治(三省六部制)、经济(均田制和租庸调制)、思想文化(科举制,设立国家史馆和分科较细的医学校)、民族关系(文成公主进藏)、对外关系(派使者到天竺学习熬糖法)等方面,对其丰富多彩的活动进行总结,做出正确的评价。

四、操作中应注意的几个问题

(一)应灵活操作

在中学历史教学中,教师应根据具体情况灵活操作。既可以根据讲课的进度评价不同时期的历史人物,也可以把历史人物的评价作为专题进行系统的讲解。不论采用哪一种方法,都必须遵循一个根本目的:历史人物的评价;要服从、服务于中学历史教学,要让学生通过评价人物了解一个时代,决不能为了人物而人物,任意增加课本中没有提到的人物和材料,而且,在讲解时不必逐个评价,而是将历史人物分为类别(如政治家、思想家等),每一类别重点评价一两个历史人物作为示例就可以了。这样,既能节省教师的时间,也能让学生有"人"可评。

(二)应强调用词的准确性

在评价历史人物时中学生最普遍的毛病就是用词不当。

(三)防止折中论

对历史人物要一分为二,这是正确的。但在实际运用中,学生容易教条化、折中化,"张某某,有对的一面,也有错的一面;李某某,对的有三条,错的亦有三点。那么,究竟张某某、李某某是属于该肯定的或该否定的历史人物,作者并未做出令人信服的答案","因此,我们在评价历史人物的是非功过时,必须抓住主要之点,从而做出功大于过或过大于功的正确评价"。

五、用马克思主义观点评价历史人物

(一)决定历史发展的不是某个英雄人物而是人民群众

历史唯物主义认为:人民群众才是历史的真正创造者,是促进社会历史前进的决定力量。任何夸大个人的决定作用,否定人民群众是历史创造者的观点,都是错误的。

(二)历史发展的必然性和历史人物作用的辩证关系的观点

马克思曾指出:"每一个社会时代都需要有自己的伟大人物,如果没有这样的人物,它就要创造出这样的人物来。"就是说历史发展有自己的必然规律,而个别英雄人物的出现只是历史发展的一定时期的产物。

但是,不可否认,我们在强调"时势造英雄"时,也必须让学生明白,当历史处于紧要关头时,个别英雄人物的决策和行动可以改变历史的航程,在历史的转折关头能起到决定性的作用。正如恩格斯指出的:"马克思主义一点也不否认卓越历史人物的作用,或者说,一点也不否认人们创造历史……正是人们创造历史,但是只有当他们正确地认识他们所碰到现成条件时,只有当他们懂得怎样改变这些条件时,他们才能创造历史。"

(三)历史发展规律和个人主观能动性关系的原理

人类社会历史长河中任何一个人的活动总要受到规律的制约。马克思说:"人们自己创造自己的历史,但是他们并不是随心所欲地创造,并不是在他们自己选定的条件下创造,而是在直接碰到的、既定的、从过去承继下来的条件下创造的。"不仅个人而且人民群众也只能遵循历史发展规律来选择自己的行为方式,如果违背规律则必将被历史遗弃。

在强调历史规律的决定作用的同时,也要让学生明白个人主观意志对历史发展的能动作用,有时甚至起扭转历史航向的作用,片面夸大规律的决定作用而否认人的主观能动作用将会犯历史唯心主义"归诸于天命"的错误。

（四）历史人物的阶级局限性观点

历史人物是时代的产物,他们的活动必然受到时代制约。在阶级社会中,他们还要受到其所在阶级的局限,他们的主观愿望、实际行动都是他们阶级属性的集中反映,因此,不可避免地有这样或那样的局限性。

（五）具体历史情况具体分析的观点

历史人物在一定的历史阶段总会涂上一层鲜明的时代色彩,他们的主张和行为在特定的历史条件下大都会表现出一定的倾向,而且随着历史背景的变化而不断地调整自己的行动纲领、行为方式。因此,历史唯物主义要求我们要把他们的行动放到具体的历史条件下去分析评价。

要对每个历史人物做准确而全面的评价,实在是一件困难的事情。但只要我们掌握科学的方法,贯彻辩证唯物主义和历史唯物主义观点,定能在历史课堂人物教学上取得良好效果。

第四节 高中历史现象的教学设计与应用

历史现象也是历史基本知识的重要内容和表现形式,它有经济现象、政治现象、民族关系现象、中外关系现象和文化现象等。

中学历史课中讲授历史现象,就其方法说,有与前边几种历史基本知识相同的地方。第一,注意出现某些历史现象的背景、原因,究其根源,都不是偶然出现的,而是有着深远的历史背景和原因的。第二,要依据历史事实,讲清这些历史现象的具体表现。第三,注意在历史现象中,讲人物活动和故事情节,增强形象性生动性。

除了以上一些教学方法以外,作为历史现象在讲授时,有一个特点值得注意,就是要处理好这些现象的一般情况、表现和典型情况、表现的关系。一般说,要有"面"有"点"。"面"是普遍的一般表现,没有这方面的讲述,就不能勾画出历史现象的整个面貌,但是,如果没有"点",没有典型的材料与表现,也会流于泛泛,不能够对历史现象给予生动形象的反映。组织、处理好点与面,典型与一般的关系,是讲授历史现象时,需要注意的一个关键问题,也是一个重要的方法。

在历史现象的讲授中,有时要运用一些数字,如表示经济繁荣,列举土地垦殖数字、人口增长数字;表示经济凋敝、经济危机时,列举工厂倒闭数字、工人失业数字和资本家为"解决""生产过剩"而毁掉的农产品、工业产品的数字,等等。中学历史课讲述历史现象时,把这些数字与一般情况和典型事例结合起来,加以讲述,应该是一种很重要的经常使用的方法。

第五节　高中历代典章制度的教学设计与应用

历代典章制度的内容很多,有经济制度,如土地制度、赋税制度;有政治制度,如国家制度、兵制、官制、法律;还有文化制度,如学校、官修史书、文化专制,等等。讲授历史制度这类历史基本知识需要注意的教学方法,概括起来有以下几点。

一、讲清楚历代典章制度的"源"

从历史唯物主义基本观点看,任何历史上存在过的制度,都是属于上层建筑。而上层建筑是由当时社会的经济基础所决定的。一切社会的经济基础即是一切历史制度的"源"。如西周的井田制,是奴隶主国家的土地所有制,土地归周天子所有,各级奴隶主贵族通过受赏赐的形式,得以使用。它反映的是一种奴隶主剥削奴隶的经济制度。而我国封建社会的土地制度,一方面有国有土地的制度,如屯田制、均田制等,一方面是私有土地制,如历代地主对土地的占有。这是从商鞅变法"坏井田,开阡陌","民得卖买"所确立下来的。它们反映的是地主阶级对农民剥削的经济制度。国家制度也是这样。在我国,奴隶主阶级专政的国家制度是分封制;封建地主阶级专政的国家制度则是专制主义中央集权制,也都是由生产关系、阶级关系、经济基础的特点所决定的。一切经济、政治制度都有"源"的问题。

生产力的发展、经济的发展,也会或迟或早地反映在各种制度上。如同是封建社会的赋税制度,由于经济发展的程度不同,在其初期表现为对人身控制较严,如徭役形式的力役剥削和以人口、人户为前提的口赋、算赋、户调等都较重,而到了封建社会的中后期,就逐渐地转向按土地、资财的多少来征收赋税了,农民的徭役也可以以交纳绢帛或银两代替了,同时,力役、实物等的形式也逐渐地被货币(银子)的形式所取代。中国封建社会里,从秦的繁重徭役、汉的口赋、算赋,到唐的租庸调、"纳绢代役",到明清的"一条鞭法"和"地丁银",大致就是这样一个发展过程。造成这种赋税制度变化的原因很多,但是经济的发展无疑是这种演变的重要的"源"。

同是一个阶级,不同阶层的升降荣衰,也会影响到历史制度的更变。如魏晋南北朝的门阀士族阶层兴盛,在选官制上就是代表了它们利益的"九品中正制",而隋唐以降,这个阶层衰落了,庶族地主的力量抬头,于是反映在选官制上就出现了科举制。

高中历史课中,讲述历代典审制度,首先要注意它们赖以存在的"源",分析各种历史制度所反映的生产关系、阶级关系、经济基础,或者是一定的经济发展、不同阶层地位的变化等。这样,不但能够帮助学生更深刻地认识历史,制度的本质和它产生发展演变的原因,而且能够加深对于历史唯物主义基本原理的认识,提高分析历史制度的能力。

二、讲清楚历代典章制度的"流"

这里,主要说的是历代典章制度的发展、演变。教师在讲历代典章制度时,如果只孤立地一个个介绍制度的内容,而不讲它们之间的发展、联系,这样,学生学习的知识就不会是系统的,也就难以从制度的发展、演变上,看到历史的发展规律。以中国封建社会的专制主义中央集权制度来看,它首先是在否定奴隶社会分封制的基础上发展起来的,就其根源说,春秋时期已见端倪,战国时期的一些国家,如秦、魏、赵、韩等,已经逐步确立了这种制度,法家学派的出现,不能不说是这个制度在思想观念上的反映。秦王朝建立以后,更将其制度化并且推行于全国;西汉、东汉则是它进一步发展、完善和确立的时期。隋唐、宋元和明清,专制主义中央集权制度又都有新的发展,乃至走到了极峰,另外,单就专制主义中央集权制度下的封王制,选官制,中央地方官吏权限变迁,兵权的集中,兵制、财制、监察制等的发展,也是可以分别地列出它们一步步发展演化的脉络。[1]

---

①杜芳,付海晏. 中学历史教学研究 第1辑[M]. 武汉:华中师范大学出版社,2016.

教师讲历代典章制度,应该依据历史教科书,首先理出其发展的基本线索,然后有计划地一课课地予以讲清楚,给学生以系统、条理性的基本知识。这样,才能够帮助学生在学习历代典章制度时,真正地掌握其源流及演变,从中看到历史的发展进程与发展规律。

三、要讲清历代典章制度的内容和一些专用术语

这是学生学习历代典章制度,剖析其源流的基础。如西周分封制的内容、汉初封国制的内容,以及它们的异同。西晋的封王、明代的藩王,以及它们的异同。历代土地制度、赋税制度、官制、兵制等的内容及异同。这些都需要教师下大力气一点一滴地讲清楚。有时还要使用比较法,在相互对比、比较中,加深学生对历代典章制度的领悟。如中国历代某某制度的对比、中外某某制度的对比等。

历代典章制度中常有许多专门术语,如徭役、赋、税、科、兵役、募兵制、调、庸、编户、主客户等,它们在一定历史时期里,都有自己专门的含义,而且随着历史的发展,又常常赋予了新的含义。教师在讲授历史制度时,对于一些专门的名词、术语,必须自己先行搞清,然后在课堂上结合具体的史实,给学生讲清楚、讲明白,扫除学生学习历代典章制度时的一些"拦路虎",使之更准确地掌握历史制度的具体内容。

四、讲历代典章制度同样要加强形象性

一般说来,历代典章制度的内容是比较枯燥的,常常是那么几条内容,加上性质剖析和评价,不易引起学生的兴趣,影响了他们对这些制度内容的领悟、掌握。教师在讲授历史制度时,应该尽量地克服这一"难关",把死的制度讲活,加强它的生动形象性。办法是增加人物活动和故事情节。如讲秦始皇定称皇帝及实行郡县制时,可以讲一下当时召集群臣廷议的情景,李斯怎么说,王绾怎么说,最后秦始皇又怎么裁定等。讲宋中央集权制,可讲"杯酒释兵权"的故事和定"兵样"颁行全国,挑选禁军"强干弱枝"的史实等。

总之,历代典章制度同样是历史内容,它本来也有其丰富多彩、生动形象的特色,教师要发掘这些内容,把它切实地讲成"历史"。

第六节 高中历史活动课的教学方法设计

20世纪90年代以来,活动课程实验日益成为人们关注的热点。但由于活动课教学论还不成熟、人们对活动课特点的把握尚不准确,在实践中或认为活动课程不存在教学问题,或用分科教学的路子来套活动课教学等,致使活动课的课程功能尚未充分发挥。

一、活动课程是培养全面发展的人的必需

马克思主义全面发展学说的核心思想是发展观和全人观。发展观认为人的发展既包括物质、精神、心理、人际社会关系、文明修养、个人才华等多方面的发展,也要求社会各方面的发展都以人的全面发展为最终目的。所谓全人观,用素质教育思想来解释,就是人的各方面素质得到整体的和谐的发展。马克思主义认为,人的发展与人的活动的发展是一致的,人的发展取决于人的活动,人是在活动中得到发展的,人的活动是人自身得以发展的根本方式。人类个体是什么样的,这同他的生产是一致的,既和他们生产什么一致,又和他们怎样生产一致。在全人发展观的视野中,学科课程与活动课程在促进人的整体发展上各有侧重,各具不同的育人功能和育人目标。具体来说,学科课程目标以单一的学科能力的培养为核心,而活动课程目标以综合能力(主要是学习能力、动手能力、交往能力、创造能力)的培养为核心,两类能力有机地构成人的完整的能力结构。由此可见,活动课程是与学科课程相互对应的一种课程形态,二者之间不是主次关系,而是彼此独存、相互补充、相辅相成的关系。

历史活动课是实现历史学科课程与潜课程价值的必需。历史学科课程逻辑结构严密、知识体系庞大、难度高,容易使天真烂漫的青少年过早地承担起成年人的负担。而历史活动课的活动性、实践性、自我总结性,则使学生学习气氛相对轻松,学生有更多的操作体验机会,获得第一手直接经验,从而提高学生的认识能力与认知水平。历史潜课程的教育功能是隐性的,非公开的,零散的,潜移默化的。历史活动课是有意识地、有计划地向学生提供范例和实践条件,让学生去感知、认同和领悟其中的教育

意义。

　　活动课对学生个体素质的发展有着学科课程与潜课程无法替代的作用。历史活动课中,学生可根据自己的兴趣爱好广泛地涉猎自己所感兴趣的知识,提高自己的整体素质,如收藏课涉及的知识除历史知识外,还有物理、化学、音乐、书法、绘画等知识。历史活动课对学生能力的培养不仅表现在历史学科能力上,更重要的是还表现在日常生活能力上。从教育心理学来看,丰富多彩的活动课能给学生学习生活增添轻松、愉快的氛围,能有效地调剂学生的学习生活,减少学习生活本身给学生带来的某种压抑和烦恼,促进学生心理健康的发展。从学生知识结构和技能看,活动课内容丰富,形式多种多样,能扩大学生知识面,获得许多课堂上得不到的信息,并运用众多信息进行创造性活动。①

　　历史活动课是新形势下历史教学改革的必需。当前学生普遍的反映是喜欢历史,但不喜欢上历史课;喜欢读历史书籍,但不喜欢读历史课本。据有关的调查结果显示:大多数学生都希望由历史教师组织、指导,学生自主进行活动,甚至希望走出教室,在校外开展历史活动课。这表明历史活动课教学在学生学习心理上存在着较大发展空间,学生急切渴望历史活动课,他们已经厌烦被考试扭曲得枯燥乏味的历史课。

二、历史活动课的内容及类型

　　2003年颁布的《普通高中历史课程标准(实验)》在教学建议中指出:历史教学是师生相互交往、共同发展的互动过程。教学中应充分发挥学生的主动性,逐步推进教学手段、教学方法和教学形式的多样化和现代化。学生要进一步了解和掌握学习历史的方法,在探究历史问题的过程中善于独立思考和交流合作,切实提高发现问题、分析问题和解决问题的能力。据此,教师可以根据学生实际、历史学科特点、历史活动课的内容和表现形式设计多种多样的活动形式。

(一)读书阅读类活动

　　阅读是学习的基础和基本方法。会不会学习在很大程度上取决于会不会阅读。历史学科阅读广泛,如历史教材、历史通俗读物、历史人物传记、历史文选和专著等。多读书,更要会读书。历史书籍浩如烟海,学习

---

①庞明凯.核心素养导向下的高中历史教学探索[M].长春:吉林人民出版社,2019.

和掌握科学的读书方法尤为必要。教学中应经常开展交流读书心得活动，使大多数同学的阅读能力在原有的基础上都能得到提高。交流的内容可以是对文章的体会、自己受到的教育等，也可以是文章的写作方法借鉴、运用恰当的史料典故等。交流的形式可以是口头交流，也可以采取书面交流，以使听众有所得为宜。

组织此项活动应坚持课内阅览和业余阅读相结合的原则，真正使之起到陶冶学生情操和培养自学能力的作用；应以本班或同年级为单位进行，按年级特点，由浅入深提出必读书目，进行读书方法指导，制作读书卡片，搞书评式的讨论，写阅读体会、评论等。也可以结合研究性学习中的问题进行专题阅读，并为阅读研究所取得的成果开设专题讲座，给学生以成功感。

（二）历史创作类活动

历史创作类活动是以具体历史知识内容为活动背景，通过相关历史材料的研究、筛选，模拟文学家、历史学家进行创作、研究活动，模拟艺术家进行表演活动，在教师引导下让学生通过自己主动参与，掌握所选内容的基础知识，积极思考、感悟、表达、记录所学内容，培养学生表述与写作能力。学生在活动中体味历史真实、体验历史知识的应用。创作范围很广，主要有专题讲座、历史故事、主题演讲报告、历史影评、历史人物评析、学史心得和历史小论文撰写等。

1.新闻透视

让学生根据生活中所见所闻、收看电视新闻联播等为内容展开评析。这项活动在内容上要新鲜，要有吸引力；在组织形式上要灵活，一般情况下，一天安排1～2人，但必须要提前安排，以保证活动正常开展；同时应允许和鼓励每次有1人随机发言，为活动增添活力。长期坚持不仅可以提高学生的口头表达能力，还可以促进课堂片段教学，达到课堂教学与课外活动相辅相成的效果。

2.编辑历史小报

此项活动可以更全面地锻炼学生能力。历史小报版面的设计、资料的搜集、文字的录入、图画的处理、绘画的创作等都由学生自己独立完成。小报的形式可以是专题型专集、历史综合型刊物，也可以是历史题材的绘画。内容则可以广采博取。

3.编写故事

高中学生已经具备了一定的文学创作能力,个别学生还相当突出。结合所学知识和成语典故,就某些情节展开合理想象,编写历史故事或历史小说,不仅有助于学生综合能力的发展,而且可以促进学生对历史的真切感悟。比如,学生结合天京事变编写的《巅峰时刻》,结合《马关条约》的签定编写的《李鸿章马关遇刺》等历史故事,在学校广播站播出或在校刊上发表后收到了意想不到的效果,促进了学习活动深化发展。

4.策划辩论会

就学习中遇到的有争议的问题,由科代表收集归纳出有价值的论题,据不同观点立场分组组织研讨交流,激发、引导学生参与讨论。在分析、探讨中形成竞争交流机制,使学生主动参与,多角度分析问题,积极发表自己的见解,倾听、尊重他人的意见。教师则充当学生学习的引导者、倾听者和咨询对象。辩论的方式一般有双方对阵辩论式和课堂即兴发言辩论式。第一种设计准备时间充分,学生的自主活动比较突出,整个辩论的思路比较清晰。后一种设计活动简单,学生的辩论随机性更强,更易呈现出课堂研讨的自然状态。两种辩论各有所长,都能起到培养学生史论结合、分析说理能力的作用。

5.图片上的历史

它是指组织学生围绕一幅历史价值、艺术价值都很高的绘画作品展开的研究、创作活动。学生要像一个历史学家那样研究图中的历史信息,像一个画家那样欣赏绘画的艺术风格,像一个博物馆的工作人员那样撰写解说词,像一个文学家那样进行触景生情地想象与历史文学创作。

(三)艺术表现类活动

历史知识涉及传统文化和美德,通过欣赏、扮演、收藏等活动,激发学生学习历史的兴趣,加强审美教育,弘扬民族传统,培养学生特长爱好和高尚情操。如历史字画欣赏,历史图片、实物欣赏和收藏,历史歌舞,历史短剧表演等活动。

1.编排历史短剧

自编、自导、自演历史短剧,组织活动相对要复杂,但教科书为学生活动提供了大量内容生动的历史参考资料,在互联网上也可以查阅到大量的相关材料。在学习重庆谈判时,先让学生阅读教材、查阅资料、观看电影,再让学生创作剧本,角色扮演。学生从中得到的锻炼远比听讲多得多。

2.历史故事讲演

在学生自由或有组织地阅读、收看、收听他们喜爱的故事的基础上,组织学生在一周一次的班级故事会上去讲述。故事的内容由学生自己来定,没有太多的限制,可以讲与本节课有关的内容,也可以讲民俗知识,介绍文物古迹,成语典故等。要求每个学生必须参加,所讲故事要求情节完整,语言清晰、洪亮。在每节课学生讲故事的基础上每个学期举行一次历史故事演讲比赛。

(四)技能展示类活动

历史学科活动中有许多内容可以让学生动手尝试,如绘制历史地图、历史小制作、历史小报编辑、历史幻灯、投影制作、编制历史录像片、计算机软件等。

1.历史小制作

历史小制作可以充分培养学生的动手动脑能力。学生的小制作完全从自己的兴趣出发。如有简单的唐曲辕犁复原模型;有陶艺制品秦始皇兵马俑;有学生仿制的古代官服官帽等。所有这些小制作,不仅提高了学生的动手能力,同时也充分显示了他们丰富的想象力和创造力。

2.学法活动交流

学法活动属于技能、方法训练活动,学法的掌握,有助于历史学习。学法是学生在活动中得到的实际经验和体会,学法交流必须结合具体活动进行,离开活动就等于纸上谈兵。《历史地图的综合学习法》就是在不断尝试和挖掘历史地图知识的过程中得出的认识成果。在历史教学中,历史地理的学习往往是薄弱环节。该文提出了发现地图中补充教材的知识、在地图中理解历史、地名变化所反映的历史三段式历史地图学习方法。

(五)社会实践类活动

通过社会实践可以使历史知识形象化、感性化,并能把学到的历史知识和社会实践应用相结合,开阔学生视野,了解社会,培养学生各种优秀品德。历史社会实践活动有参观博物馆、考察史迹、访问各时期革命人物、历史旅游活动等。

1.游览

组织学生游览学校附近的山峦丘陵,以登高磨砺学生意志;观览广阔无垠的大海,以浩瀚的大海陶冶学生情操和胸怀;游赏名胜景点,以源远流长的文化激发学生的民族自豪感;参观经济建设的新成就,让学生切身感受社会的发展和进步。游览考察可以帮助学生把抽象的热爱祖国转化成看得见、感受得到的现实。

2.制作网页

结合研究性学习中对具体问题的专题研究,在学生互助和老师的指导下制作主页,挂在校园网上,作为全校师生的网上学习资源。如由学生制作完成的《鸦片战争》《甲午风云》等主页,得到了师生的较高赞誉。

3.历史知识竞赛

通过精心设置竞赛主题,使学生在竞赛活动中运用、巩固所学历史知识,开阔学生的历史知识视野。增强学生对祖国疆域、领土主权的历史认同感,开阔人文知识视野。历史知识竞赛强调学生学习自主性的充分发挥,强调学生自主管理、合作共事,强调在活动过程中注意对已有知识从专题角度进行整理的学习活动,强调历史与时事政治的联系。

三、历史活动课的特点

长期以来,在我国历史教育教学领域中奉行以知识传递为价值取向的教学观,致使课堂中教师的讲授成为主要的教学形式,轻视甚至否认学生主体活动给予素质发展的真正价值。随着未来科技、经济的迅猛发展,知识经济时代的挑战,终身教育和学习化社会的到来,为了确立学生主体活动在教学中的地位;我们将活动教学引入历史课堂教学中,使传统的教学过程发生一系列的变革,产生了以下新的特点。

(一)活动课教学是以学生探究为中心,塑造和建构学习主体的教学过程

长期以来,我们采用历史教学方法,认为学生历史学习的任务是在教师帮助下学习和掌握书本知识,而不是发现"真理"。这种认识上的偏差导致在我国的教学理论和实践中严重轻视实践。发现、探究等活动,否认学生有自主发现、探索、认知事物的能力,在教学中必然置学生于消极。被动处境,难以激发学生参与活动,难以真正确立学生在教学认识活动中

的主体地位,最终难以实现学生的主动发展。

历史活动课教学,从某种意义上说是让师生对人类文明发展过程的一种认知意义,上的"重演",是对人类社会所经历的某些必要过程的"亲历、再认和再现",是带有创新、发现性质的学习。学生像科学家一样,对他们所不知道的未知领域进行探索发现,才能主动实现对客体的不断进化和提高,只有使学习主体"再现"和"重演"人类的某些社会历史活动,去"占有"具有独特形态的活动成果,才能真正促使学生认识的深化和发展。因此,活动教学重视实践、探索、发现在教学认识活动中的地位,认为要使学生实现主动学习和主动发展,就必须置学生于自主探究、发现的活动中,主张学生在主动经历和探索的活动中发现知识的由来和关系,并强调以外部的实际操作和内部的思维操作相结合、相作用的实践,来实现认识的深化。

活动教学强调探究,强调学生的活动,借助活动来真正确立学生在教学过程中的主体性,这在客观上保证了学生主体作用的发挥,塑造和建构了学习主体。只有在活动中,学生才自始至终是自觉主动的行为者,而不是教师的追随者,才可以按照自己的意愿自由自在地进行各种各样的探究、操作、体验活动,学习才具有了主动探索的意义。通过学生自身的自主的思考活动,可以了解知识获得过程、经历知识价值生成过程,从而主动建构自己的知识结构,而不是机械接受和背记知识结论。活动在形式上保证了人人参与的可能。

(二)活动教学过程是注重活动性体验,强调理性认识与非理性认识相统一的过程

人的活动是理性活动与非理性活动的统一,理性活动通常指形成概念—进行判断—逻辑推理,并进而指导实践活动。非理性活动是指人的非逻辑、非条理化的活动,是人以非理性精神为前提和基础,凭借各种非理性精神形式(如本能、欲望、需要、意向、动机、希望、愿望、情绪、情感、意愿、信念、信仰等),依靠各种非理性方法(如想象、幻想、直觉、灵感、猜测等),来表达主体需要或客体属性的心理活动过程。理性活动主要形成人的理性精神,非理性活动主要形成人的非理性精神或人文精神。完整的人的发展是理性精神和非理性精神的协调发展和统一。

现行的教育教学活动主要表现为一种唯认知、唯理性教育,而缺失了非理性的情意活动,只强调对记忆、思维、认知等的训练和培养,缺少引导学生对价值、美的理解和感受,重知识积累和技能掌握,轻情意发展和人格熏陶,忽视对于人的心灵的育化和情感的关怀,学生自身的希望、意愿、情感和态度常为教育者所忽视。因而,培养出来的人是缺失人文精神的不完整的人。

活动教学认为,教学过程应该是认知过程与情感过程的相互交织,重视知识学习与情感培养的相互融合。不仅应关照生活在现实和未来中的人为求得生存发展而获得必要的知识和技能,而且更应关注活动过程本身对于学生态度和行为方式的价值,关心学生在情感、价值、意志等方面的体验。

活动性体验是一种依存于活动主体的主体性体验,它在学生的发展中具有十分重要的意义。不同的活动方式和活动内容,会带给学生不同的内心体验。如在人文性活动中,他们经历着对于美丑的感受,积累着对于生活的理解与反思。在科学活动中,不纯粹是知识的累积和理性的推理。论证,也经历了情感的体验,如发现、探究活动中需要运用直觉、幻想、想象等。就学生的发展而言,他们在活动过程中所获得的感受,体验的成功或失败,以及对于问题的解决本身,是更具实质性意义的学习成果。可以说,正是活动提供了一条有效培养学生非理性精神的理想途径,正是活动给予了学生体验生命成长意义、培养完美人格的机会。

(三)活动教学过程是以活动为基础的感性认识与理性认识相统一的过程

传统教学视教学过程为间接经验过程,是掌握和占有既有人类知识经验的过程。因此,注重分析、演示、讲解方式,轻视实践、发现、探究等活动,忽视学生感性经验。直接经验的积累,从而容易失缺抽象认识和理性认识的基础,导致学生理解的歧义和不求甚解。学生只借助机械背诵和表层理解来"掌握"知识,不理解事物的过程,事物之间的内在关系,很难达成对知识的有意义建构和理解,更不利于其从事创造性的探究活动。

活动教学认为,人的认识是一个从感性到理性,不断地逼近客体本身的反映过程。实践对于人类的认识发展来说,是具有基础性的动力因素。只有经历必要的感性阶段,积累相应的直接经验,才能促成学生有效的思考,使知识的掌握富于意义,最终上升为学生的理性认识,促进知识的有效建构和思维的发展。因此,在活动教学过程中,一方面,要求教师给予学生足够的时间对客体进行观察、操作,在操作中进行探索,充分积累直接经验,丰富感性认识;另一方面,在感性认识的基础上,借助语言和词汇,及时进行抽象、概括、综合、达到抽象的理解,实现由感性向抽象思维的转化,无论对未知知识的认识还是对已知知识的再认识,都应当要求学生用主动探索发展的态度和活动方式进行不断地认识,不仅要发现知识的由来,更要发现知识与知识之间的关系,实现认识的深化或发展。应将直接经验的积累和间接经验的学习有机地结合起来,凭借直接经验去理解间接经验的意义,借助间接经验去获取更广阔更深层的直接经验。否则,只有直接经验,难以发展学生系统化的认识;仅有语言讲授方式去间接地获取知识,学生不易深刻地理解知识和实际有效地运用知识。

(四)活动教学过程是以学生的现实生活为依托的教育过程

实际上,学生乃至成人都是从他们的环境、家庭和社会中直接、现成地吸取经验,从而获得大部分的教育。教育不可避免地在学生的生活中开展,学生的生活经历成了教育的起点,学生的生活自然成了教育的背景,教育与学生的生活密切相关。因此,学生的生活本身和学生的经验是我们实施教育的基础,教育者应了解这一基础,意识到并善于利用这一基础,关注学生的生活。

一方面,关注学习内容与学习者个体生活经验的联系。要求在考虑知识具有的逻辑性、系统性时,必须考虑学习者的愿望和要求,考虑如何将新的问题、课题的学习同学生的生活与经验关联起来,如何在学生的主体学习过程中更符合学生的心理要求和经验储备,得到学生经验的支持,调动起他们已有的经验、意向和创造力、要能为学生的经验所统整,进而活化为具体的、现实的及生活的内容,这些经验植根于学生的经验之中,为学生真正理解,与他们的生活实践及经验真正关联,使抽象的知识活化而统整到学生的经验之中。

另一方面,关注教学与学生现实生活的联系。教学如果不和学生的现实生活相融合,就没有现实的感觉,学生也就缺乏学习的动机,必须改变课堂等于教室和学习资源仅限于书本的观念,随时从学生熟悉的现实文化生活和社会实际中选取为学生关注的话题,将沸腾的、变幻的生活及时纳入课程和课堂中。要使书本世界与学生的现实世界贴近,与学生的已有经验和背景相符,强调对"生活的回归",从生活中来,再到生活中去,使知识不再是零散的,孤立的与生活隔离的东西,而是使学生能自己意识到生活中的一切都充满知识,蕴含知识。总之,要让生活走进课堂,将课堂引向生活,要更多地走向课外、户外,因为生活的一切时间和空间都是学习的课堂。

只有活动的教育价值真正为人们认识与重视,学生作为学习与发展主体的主体性才能受到重视,学生主体性的发展、素质教育理想和价值才能得以实现。活动教学通过活动切实在课堂教学中构建学生的主体学习,确保学生主体作用得到充分发挥,将会真正焕发出课堂教学的生命活力,最终会成为实现对传统课堂教学的变革、使素质教育落到实处的最佳途径。

四、历史活动课教学必须注意的原则

(一)时代性原则

在历史活动课中要体现现代的要求,具有鲜明的时代特色。目前知识经济已初露端倪,教育学生学会做人,做有道德、有责任感的现代人是教育的首要任务。而如今的独生子女们往往缺乏抗挫折能力、缺乏自我批评精神、缺乏团队合作精神、缺乏与人沟通的能力技巧。因而我们的历史活动课应该从实际出发,有意识地针对学生上述缺点,设计与之相适应的活动课尽自己力量弥补学生社会实践的不足。

(二)差异性原则

课改前的教育教学往往是按照一种智力类型去要求所有的、一群不同类型的学生,用同一把尺子去"量"所有的学生。而现代多元理论则认为:人的智力是多元的,教师应去了解每一个学生的背景、兴趣爱好、学习强项等,从而确定最有利于先生学习的教学方法与策略。

因此,设计、组织历史活动课必须注意各年龄段、同一年龄段不同学生的认知水平,对事物、社会的理解、接受表达能力的差异。从"学情"出发,因材施教。

(三)自主性原则

新课改全方位多角度地要求我们老师强化学生的主体地位和主体意识。广大学生必须是活动的主体,全过程积极参加,自觉设计并组织开展活动,而教师的角色就是指导员、服务员。

布鲁纳曾经说过:"发现不限于寻求人类尚未知晓的事物,确切地说,它包括用自己的头脑亲自获得知识的一切方法。"德国教育家福禄贝尔也说过:"青少年有强大的驱动力和创造力,教师的任务就是管理和引导他们,把他们的驱动力和创造力用于值得从事的活动中。"因此,历史活动课只有发挥了学生的主体性与自主性,他们才会在活动中认为自己是一个发现者、探索者,也才能让他们由衷地感到创造的快乐。

(四)多样性原则

学生的差异性决定了历史活动形式的多样性。活动中师生共同参与,身份平等。学生从感觉效应转变为运动效应(不仅动口、动手,更有理性的思考)。活动可以将"走出去"与"请进来"相结合,动手与动脑相结,合,学校与社区相结合。

此外,多样性原则也指活动中打开学生心中"结"的方法、手段是多种多样的。

五、历史活动课的一般程序

(一)以师为主,师生共同创设相宜的历史情景与主题

"思维自疑问开始",设置合适的情景与主题等于成功的一半。活动前,教师必须呈现出学生困惑或者感兴趣的问题,激起他们探索未知的欲望。活动中老师根据教学内容、教学大纲,根据学生的身心特点,引导他们参与设计。这样就拉近了教师与学生、历史与现实的距离,让学生感觉到历史就在他们身边。

(二)学生广泛参与活动全过程

教师把活动的策划设计、组织排练的主动权交给学生,给予学生自主的空间、让学生收集资料、选择角色,引导学生进行自主学习。素质教育是在每一个个体原有人格的基础之上,对其人格特性进行修正、补充、提炼和完善。活动课把主动权交给了学生,不但体现了教学民主,也培养了学生的团队精神和合作精神。

(三)学生评价

新课改将课程评价作为重要环节。评价的目的在于促进学生素质的全面发展,促进教师的不断提高。这也是教师学习的动力与源泉。历史活

动课评价的主体应该是学生,学生的评价要与教师设定目标相结合,从学生的反应、描述来反观教师的教学目标达成度,当然,在这过程中学生的评价也许是非理性的、非客观的,但作为教师应该心平气和,尊重学生的主体评价。教师要总结活动课能否促进学生学习技能的提高,能否扩充并整合知识,沟通、思考推理、利用信息、分析信息的技能是否提高,为今后教学积累经验。

六、一些行之有效的活动课类型

社区调查、走访考察型。如参观历史博物馆、历史遗迹考察、社区调查、社区走访等。

收集、整理欣赏型。如古钱币的收藏、历史图片、音像资料的收集与整理归类等。

游戏、竞赛、演讲型。如历史游戏活动、历史知识竞赛、专题演讲等。

动手制作、操作型。如编辑《历史园地》,制作历史幻灯片,也可以动手制作一些仿历史文物(木简、竹简)等。

当然,有条件的地方也可鼓励学生制作、设计一些历史网页、主页。

七、注意事项

第一,活动课要与新授课、讲评课等正常的课堂教学紧密结合。两者是互相补充、互相促进的和谐统一关系。课堂教学是"基础"是"本",学生只有通过课堂教学掌握了历史基础知识和基本技能后,才能在活动课中更好地发挥自己的爱好和特长,进行创造及实践。因此必须防止和纠正一种倾向,即一味地追求个性发展和创造培养。如果把活动课凌驾于新授课、讲评课等正常的课堂教学之上,其结果是得不偿失的。

第二,充分利用多种有利条件,因时因地因人制宜。各地区、各学校情况不同。要从实际出发,富有特色,这样才能获得理想的效果。如学校附近并没有历史遗迹,但也不妨开展活动课。强调尊重客观实际,并不排斥人的主观能动性,创造性地开展活动。

第七节 高中历史有效教学的策略设计

一、有效课前准备策略

(一)加深对历史课程标准的理解

所谓课程标准的含义,原本是关于课程开设科目、学习时间等的规定,后逐渐发展成为对学生学习结果的规定。课程标准一般由课程标准总纲和各科课程标准两部分组成。课程标准总纲是对一定学段的课程总体进行设计的纲领性文件,它规定了各级学校的学科设置、课程目标、团体活动的时数、课外活动的要求,以及课外活动的时数、各年级各学科每周的教学时数等;各科课程标准根据课程标准总纲具体规定各科教学要点、教学时数、教学目标、教材纲要和编订教材的基本要求。具体到高中历史学科中,课程标准在基本理念、课程目标、课程结构、课程内容、学习方式与教学方法、评价建议等方面,无论从纵向还是横向来看,都体现了在继承中发展,在结构设计与内容选取上稳中求变等特点。

普通高中历史课程标准将历史课程的性质直接定位一门基础课程,认为普通高中历史课程,是用历史唯物主义观点阐释人类历史发展进程和规律,进一步培养和提高学生的历史意识、文化素质和人文素养,促进学生全面发展的一门基础课程。

在教材的整体结构上,《普通高中历史课程标准》改变了原有的课程内容编排体系,采取了新的方式进行编排。我们可以将新的编写原则概括为八个字——贯通古今,中外关联,即改变旧有的编排体系,增强当今社会与古代的联系,从纵向方面把握住历史发展的脉络,让学生了解到人类社会的发展规律;加强我国与其他国家的联系,从横向方面比较中外历史发展的差异,把握世界历史发展的整体规律,不仅要了解自己民族的历史也要了解其他民族的历史,形成世界意识,尊重每个民族的风俗习惯;在学习历史知识的基础上,引导学生更加关注现实。

课程标准在课程实施方面还要增强历史学科在情感上的教育功能,从多方面开发课程资源并加以利用。除此之外,历史课程标准还提倡"转变学生原有的学习方式,不仅要注重学习结果更要看重学生的学习过程以及学习方法,既要让学生学会自主学习,又要让学生学会在与他人合作中学习,既能解决问题又能发现问题,养成良好的学习习惯。"具从而转变学习态度,改变原有的学习方式。作为一线历史教师一定要认真研读历史课程标准,领悟其精神,并将其践行到历史教学中。

(二)了解学情

因为学生在教学过程中处于主体的地位,所以了解"学情"是实施有效教学的前提和基础。那么如何有效地了解"学情"呢?笔者认为应该把着眼点放在学生的实际情况上,具体包括了解学生历史知识的储备情况和目前历史学习的实际情况。通过了解这两方面的情况进而明确学生学习的需要,学习的需要是他们获取知识的动力,有了这种动力才会有努力学习的信念和行动,否则其教学必然是无目的、无效率的。

一线历史教师可以采取多种不同的方法了解学生的学习需要。下面笔者就为大家简单介绍一下自己在教育实习期间了解学情的方法。

笔者在教育实习过程中为了调动学生学习历史的积极性,在每节新课前,都会让班级的学生写出在这节课中自己最感兴趣的问题,最想了解的知识以及希望教师采用什么方法来讲授此课,然后根据学生们对学习新内容的期待,有目的地制定教学方案,从而满足他们所需,提升学习历史的兴趣。

(三)有效地处理教材内容

教师要想做好充分有效的教学准备必须要做好"备教材"这一工作。那么如何才能将"备教材"落到实处呢?首先,教师要明确教材的编写原则、编写格式与编写特点。其次,教师还要了解教材重难点的设置情况,这样,教师才能依据教材的特点采用与之相对应的教学方法,有效率地运用教材。现行的教材为模块形式,教材内容之间的空间跨度比较大,这就或多或少会给学生的学习带来一些困惑,学生若想形成完整的历史概念并不容易。基于以上情况,教师在讲授知识时,特别是在教授重要历史问题时,一定要梳理好历史发展的脉络,尊重历史发展的规律,注重加强不同内容间的联系,为学生呈现完整的历史知识。

依据教育学相关理论和教学案例并结合自身实习经历,我们在处理专

题史教材时可以采取如下策略:

一是有效整合教材内容的策略,专题史教学有其优点,但也有缺点。一方面,教材的内容为了按照时间的顺序进行编排导致各单元内容之间的时间跨度比较大,知识衔接不够连贯。另一方面,教材为了给学生呈现出完整的历史知识体系导致各单元间内容空间跨度比较大。最后,在教材的编写上专题史更易产生内容重复的问题。例如同一个历史问题会在三本历史必修教材中多次出现。各单元内容间的空间和时间跨度都比较大,新旧知识间缺少连贯性。

这就给历史教学带来了一定的难度,教师在教学中要把握住知识的重难点,对教材内容进行有效的组织,用心整理知识结构,使之系统化。

二是加强教材内容间的联系和比较的策略。

二、有效教学实施策略

(一)树立科学的课堂教学理念

科学的课堂教学理念是落实有效教学的内在原动力,对有效教学的成功实施起着不可替代的指引作用。科学的课堂教学理念更加注重历史教育性功能在实践中的运用。

历史课堂质量的高低深受课堂教学理念的影响。以获取知识为主要目的的课堂,质量最低:以获取能力为主要目的的课堂,质量次之:而以树立正确价值观为主要目的课堂,质量最高。所以历史教师亟须改变传统的"分数就是一切"的想法,更新历史课堂教学理念,注重对学生思维能力的培养和情感的升华。

综上,历史教师亟须树立科学的课堂教学理念,从而促进学生人格的全面发展,从根本上实现历史学科的有效教学。

(二)历史讲授法运用策略

从学生个人接受知识的能力来看,在众多的教学方法中,讲授法是最合适不过的了。因为讲授法是知识的直接传授,与其他教学方法比,不需要学生消耗过多的精力和财力,获取知识的效率更高。从教师的角度来看,讲授法在备课时最节省时间,在授课的过程中也不需要花费过多的精力去创设教学情景,寻找探究问题。据笔者调查结果显示,虽然大部分的学生不喜欢课堂讲授法,教师们也力求改变传统的讲课方式,但大家仍一致认为讲授法是最有效的授课方式。所以目前我们亟须探讨的问题并不是教师要不要"讲",而是教师该如何"讲"。讲述法和讲解法是讲授法最常用的形式,其中讲解法多用于高中历史教学。

"讲解"二字重在"解",增强学生对历史的理解。那么如何使"讲解"达到"有效"呢?首先,学生应改变被动地接受方式,带着自己对问题的思考去学习。教师在讲解过程中并不需要将所有的内容都呈现出来,可以挑选学生难以理解的问题加以讲解,对于简单易懂的问题教师可以引导学生自己独立思考,培养学生的思维能力。其次,讲解时所运用的语言要简洁易懂,使讲解深入浅出。教师通过讲解让难以理解的问题变得容易,让复杂的问题变得简单,让抽象的问题变得具体。历史作为过去发生过的事情距今时间较长,所以对于学生来说,一些历史问题比较抽象难以理解,这就需要历史教师采取有效的讲解法以直观的方式将历史知识呈现给学生。

(三)历史探究式教学运用策略

笔者的调查结果显示,在当前的历史课堂教学中,部分学生期待教师采用探究式的教学方法进行授课。而教师们则普遍反映大多数的同学都没有达到探究性学习对学生自身能力的要求,通过该方式的学习并不易于学生构建完整的知识体系。且现在大多的探究式学习都是流于表面,实践性不成熟,为了探究而探究,漫无目的,缺乏实际效果。那么何种教学方式可以称之为有效的探究式教学呢?笔者认为应让问题探究贯穿于教学的始终。那么如何有效地提出我们探究所需的问题呢?教师既可以通过创设相应的教学情景提出,又可以根据教材的内容提出,更可以引导学生自己提出。"问题"作为探究式教学中最关键的因素,对探究式教学的有效实施起着至关重要的作用。一个有价值的探究问题会推动教学活动的展开,反之,一个没有价值的探究问题不仅不会对教学起到帮助性的作用,反而还会阻碍教学活动的进行。所以,一线历史教师在探究式教学过程中务必要保证探究问题的质量,从而推进探究式教学的有效实施。叫在探究式课堂教学中,教师不必按照传统的方式完全依照教材的编写顺序授课,重要的是要让学生通过问题探究获取知识,学会辩证地分析历史问题,提升学习能力。例如,在中国古代史的内容教学中,结合当前史学界的一些前沿观点,教师可以引用一些新的材料,让学生对一些开放式的历史问题发表自己的看法,诸如"秦始皇的功与过""商鞅变法的利与弊""北魏孝文帝改革的影响"等问题进行探究式教学。

为了有效地实施探究式教学,学生在明确探究任务之后,首先就要根据问题情景的要求收集多种多样的相关历史学习资料。而学生不能只是单纯地对探究式教学中所需要的学习资料进行收集,更重要的是要将材料的内容进行组织、编排,这样在问题解决时,学生将自己已有的知识与新获得的资料有机的联系在一起,优化认知结构。随之,提出假设与解决问题的方法、确立目标。探究式教学最重要的步骤之一就是提出假设。在探究问题的过程中,学生首先要猜想假设,其次还要体验怎样解决问题。在探究式教学中,假设既可以由学生个人提出,又可以通过师生间的合作或生生间的合作提出。学生通过提出假设,既能将自己原有零散的知识衔接起来,形成一个整体,又能丰富自己已有的认知结构。

综上所述,在进行高中历史课堂探究式教学中,我们须注意以下几个方面:第一,确立明晰的教学目标。学生学习的内在需要是他们主体意识的全面反映。而在探究式教学中,可以通过设立清晰明了的教学目标来引发学生的主体意识。教师要先为学生创造外在的学习动力,即确立教学目标,学生经过"消化"后转化为内在的学习动力。并将外在动力和学生"消化"结合在一起,让学生学会自主学习。第二,让探究的问题更具价值。在探究式教学中问题的设计要依据学生的实际学习情况,这就要求教师对学生历史知识掌握的情况和学生接受知识的能力要有详细地了解。除此之外,教师在设计问题时,不能仅从学习情况这一个方面来考虑,更要考虑到学生的现实生活和兴趣爱好。设计真正适合学生全面发展的探究问题,让课堂教学的主动权掌握在学生手中。第三,为学生打造一个轻松、自由、开放的课堂。学生在探究式历史课堂中要敢于突破传统课堂的学习模式,敢于采用别出心越的方法提出、分析和解决问题,要有自己独特的思路和想法。在探究式课堂中,教师要尊重每位学生的发言,不能急于否定学生的言论,多于学生进行交流,这样学生才敢于和大家分享自己的想法。对于人文学科的学习,有自己的观点,敢于发表自己对某一问题的看法是十分重要的,所以教师要为学生创造一个易于发表自己想法的课堂氛围,让学生充分的发挥自我,从而提高他们学习历史的兴趣。

总之,要让"问题探究"贯穿于探究式课堂教学的始终,并使学生成为探究过程中的主体,培养学生自主学习和合作学习的意识,使每一位学生都充分发挥自己的潜能。改变传统课堂中以教师为主导的模式,让教师和学生拥有相同的地位。从而从各个方面提高学生的学习能力。

(四)创设有效的历史教学情景

历史不会重现,我们若想更全面真实地了解历史,必须模拟历史情景,把自己想象成是历史事件中的人物。而且教师通过观察学生们在教学情景中的行为,还能对学生的语言表达能力、逻辑思维能力和探究能力有所了解。因此,创设有效的历史教学情景十分有助于历史有效教学的实施。

那么,如何创设历史教学情景呢? 大致有如下途径:第一,利用教师已讲授过的内容创设历史教学情景。例如,笔者在教育实习期间为学生们讲"王安石变法"时,利用教师已讲授过的北宋初期的历史史实,与学生一起创设了北宋初年的历史教学情景,让学生把自己想象成是王安石本人,从而围绕"如何改变北宋建立以来积贫积弱的局面"这个问题展开分析与讨论。最后,将学生讨论的结果与王安石变法的措施相对比,发现学生提出来的解决办法比王安石变法的措施还要丰富全面。在此过程中学生利用自己已有的历史知识,把自己想象成是历史情景中的真实人物,从而参与到问题解决中,不仅收获了历史知识,提升了思维能力,还能获得学习的成就感。

第二,利用学生对某一历史问题的整体性了解创设历史教学情景。例如,教师在带领学生复习唐朝历史时,可以让学生回忆自己所了解的所有有关唐代的历史,当大部分同学们都能用相关的历史材料从多方面证明唐朝是我国古代最强盛的朝代时,教师可以提出问题:"接下来,我们应该思考什么问题呢?"学生:"唐朝为什么如此繁荣强盛?"这就通过利用学生对唐朝历史的整体性了解来创设历史教学情景,从而产生了我们所需要讨论的历史问题。在讨论的过程中,学生分别从政治、经济、思想文化、军事方面分析了"唐朝繁荣"的原因,具体情况如下:①政治方面,唐朝政权稳定、国家统一;②经济方面,农业技术水平的提高;③思想文化方面,西域文化、佛教的传入并与我国传统文化相融合;④军事方面,国富军强,开拓西域边疆。在此值得注意的是,在创设教学情景时,教师一定要引导学生全方位、多角度地考虑问题。若在此案例中学生只从"政权稳定"这一角度分析,那么西汉时期的文景之治或是清朝的康乾盛世都有与此相近的原因。再如只说"经济发达",那么两宋时代、明中后期至清前期的中国都有相似的特征,或是仅从"文化繁荣"这一方面考虑,那么春秋战国时期的百家争鸣,宋代的重文轻武、宋词的流行都属于文化的繁荣。所以,一定要从多方面思考问题,避免分析的片面性,从而通过创设教学情景让学生既能从多角度构建历史知识,又能加深对史实的理解。

为了使历史教学情景的创设更有效,笔者认为首先要增强情景的目的性,不论历史教师要创设什么样的教学情景,通过怎样的方式创设,最终的目的是一样的,都是为了提高教学的质量和效率。因此,情景的创设不能流于表面,不能盲目地追求情景的形式。其次,要使情景更具真实性。虽然不同的人对相同的历史事件有不一样的看法,评价某一历史事件时难免会掺杂自己的主观想法,但是历史不同于其他学科,历史事件是客观存在的,我们不能随意篡改,所以创设的历史情景一定要符合真实的史实,创设过程中所运用的史料也一定要真实有效。再次,要让情景具有思维性,创设教学情景的目的之一就是为了提高学生的探究性学习能力和独立思考的能力,所以只有具有思维性的情景才能对学生能力的提高起到有效的帮助作用。最后,教学情景一定要有趣味性,情景的创设必须要关注学生的内在需求,让学生对其有兴趣,乐于参与到其中。

三、有效教学评价策略

(一)注重对教学本身的评价

笔者的调查结果显示,在当前的教学评价中,只注重对学生学习的评价,而忽视了对教学本身的评价。但若想让有效教学落到实处,必须关注对教学本身的评价,从根本上提升教学有效性。

那么如何对教学进行有效的评价呢? 如在课前准备环节中,可组织历史教师依据一定的评价标准互相评价备课教案,并在评价结束时给予对方相应的分数,作为考核教师教学业务的一项重要指标。通过该项教学评价,历史教师们既可及时发现自己的不足,学习其他教师之长处,又可增强自身的工作积极性。又如在课堂讲授环节中,可组织学生依据一定的评价标准对教师的讲授语言、讲授方式、讲授手段、讲授思路等方面进行评价,并让学生对当前历史课堂教学提出自己的建议。从而使历史教师依据学生的真实反馈,及时调整自己的教学,满足学生的所需,从根本上实现历史学科的有效教学。因为有效教学评价是有效教学的重要组成部分,教学质量又是影响教学有效性的主要因素,所以作为教育工作者务必要加强对教学本身评价的重视,从而提升历史教师的教学水平,提高历史课堂的教学质量,早日实现真正意义上的历史有效教学。

(二)有效教学评价应具备的特点

教学评价是一项操作起来十分复杂的工作,作为教师,不仅要组织和管理课堂,还要观察学生在课堂上的表现。而一个班级的几十名学生每一个人的状态都是不一样的,每个学生在课堂教学的不同时段的表现也不相同,这就在一定程度上增添了教师教学工作的负担。所以为了提高教学的效率,保证客观地评价每一位学生,历史教师必须实施有效的教学评价策略。那么如何才能让评价策略达到"有效"呢?

首先,评价要具历史性,因为不同时空之下的评价标准是不一样的,所以任何一条评价标准都不是万能的,每一条评价标准都会受到它所处时代的影响,都有其自身的局限性。例如从当前看,有些评价标准是科学的,具有合理性,但是放在过去或是今后,它就变得不合理、不科学了。因此,在制定评价标准时,一定要依托于当下的社会环境,符合时代的发展。

其次,评价要具实效性。在教学评价过程中,我们要注重评价最终所取得的效果。对于某一教学评价来说,不能只看它在某一特定教育空间中所起到的作用及其所产生的效果,更要把它置于更大的教育空间中进行评判。除此之外,鉴定教学评价是否有实效性,不仅要看其在当前教育背景之下所产生的即时效果,更要看它在教育整体发展过程中所产生的效应,让教学评价符合教育发展的规律。

再次,教学评价要具发展性。真正有效的教学评价要对学生和教师的发展起到积极的促进作用。发展性的教学评价并不是按照成绩的高低来划分学生的层次,也不是单纯地评价学生的学习效果,而是更加关注学生未来的发展。通过分析当前学生在学习方面的不足,给学生提出相应建议,给予学生积极的鼓励,让学生获得进步。因为每一个学生的成长经历、生活环境和性格爱好都不同,所以每个学生都是一个独特的个体,都有属于自己的发展方向。即便是同一个学生在不同时间段的发展也存在差异。发展性教学评价就是要针对每一个学生的特点和同一个学生在不同时段的发展特点进行有效的评价,使每一个学生在每一个阶段都能充分地发挥出自己最大的潜能。发展性教学评价力求改变传统评价中学生的被动地位,提倡让学生成为评价过程中的主体。

最后,教学评价要具民主性。民主性教学评价一直以来都是历史学科教学评价所追求的目标,那么如何建立民主性的评价机制并将其运用在历史教学评价中呢?在以往的教学评价中评价主体大多为教师,评价形式多为纸笔测试,而民主性评价倡导学生和学生家长都参与到评价中去,采取更多开放式的方法进行教学评价。在实施民主性历史教学评价的同时一定要处理好评价对象与被评价对象的关系。

(三)实施促进学生个性发展的评价策略

以促进学生个性发展为核心,以多元化为角度,以开放式的评价方法为基础的教学评价才能称之为有效的教学评价。

为了更好地实施有效教学评价,首先,应制定多元化的评价目标。在传统的教学评价中教师只对最终的学习成绩进行评价,只看重最终的学习结果而忽视学习过程。但其实往往过程比结果更重要,只有过程得到完善其最终效果才会提升。所以,这就要求一线历史教师要加强并不断完善教学过程的评价,学会确立评价的目标并从多方面评价,如:学生的学习能力是否提高、学生历史学科的核心素养是否提升、学生的人格是否获得全面的发展,等等。

其次,应实施切实可行的评价方案。教师和学生可以以有效的评价方案为指引,来了解一段时间内教学和学习所要实现的目标。只有制定了评价方案,教师和学生才清楚自己应从哪些方面努力,应该获得何种的程度的提高。

最后,应采取丰富多样的评价方式。在传统的教学评价中无论是评价主体还是评价角度抑或是评价方法和评价功能都过于单一,所以我们要寻求多样化的评价方法,让评价不在枯燥乏味。实施历史学科有效教学评价的最终目的就是促进学生的个性发展。为此,我们倡导实行表现性评价,例如我们可以通过让学生表演历史情景剧、展示自己的历史小制作、写相关的历史小论文等方法来对学生的语言表达能力、思维能力、创造能力、实践能力等进行评价。表现性的评价又有两种呈现方式,一种是限制式的,一种是开放式的。

例如,传统的闭卷考试其实就属于一种典型的限制式的表现性评价。它的评价标准比较固定,对评价对象的学习结果有限制性的要求,如学习者应取得什么样的分数、应答对多少道题等。虽然传统的闭卷考试存在很多弊端,但是与其他评价方式相比,它比较客观公正。那么何种评价方式又可称之为是开放式的表现性评价呢? 就是不对被评价者的学习结果做限制的要求。例如,要求学生以某一历史问题或某一历史人物为主题做一次演讲或进行一次辩论,就是一种开放式的表现性评价。由于开放式的表现性评价没有固定的评价标准,评价方式比较灵活,所以在一定程度上它可以极大调动学生的学习积极性、培养学生的创造性思维。虽然教学评价是一项操作起来十分复杂的工作,但是相信只要我们转变评价思路、改变评价方式就一定会乐在其中,最后衷心希望能够通过实施有效的教学评价策略来促进每一位学生的个性发展。

第九章 高中历史课堂教学评价与反思的设计

第一节 高中历史课堂教学评价概论

　　课堂教学评价从属于教学评价,对教学评价的理解,决定了课堂教学评价所采取的立场,涉及教学评价的界定,代表性观点如下:

　　教学评价是对教师的教学工作和学生的学习质量做出客观的衡量和价值判断的过程。教学评价是教学过程中必不可少的一个环节,它可以提供教学的反馈信息,以便及时地调整和改进教学,保证教学目标的实现。

　　教学评价,就其现代意义而言,乃是利用多种技术手段收集系统、客观的信息,依据一定的标准对教师设计、组织的教学过程及其结果所做的测量、分析与评定。

　　教学评价就是对学绩测验所得的数据进行分析及解释。

　　教学评价是评判教师的教学与学生的学习是否达到既定的目标的过程。

　　可以看到,教学评价标准的结构大都是通过对教学因素分解的方法形成的,它既受教学传承影响,又受到现代教育评价方法的制约。有学者指出,课堂教学的本质是教师有目的、有计划地组织学生进行有效学习的活动过程。作为一种活动过程,应该从目的、过程、效果、氛围和特色方面加以评价,并据此确定了课堂教学评价标准的五项指标。从评价标准的内容上看,一般是把课堂教学分为教学目标、教学内容、教学方法、教学过程、教学结果几个要素,这几个要素的具体内容则是教学理论中一堂好课的基本要求在课堂教学评价中的具体体现。从各个标准的一致性程度相当高这一事实看,这种策略在实践中已经形成了极强的共识。[①]

　　课堂是个具有多种结构、多种功能的复杂的综合体,课堂教学评价还

---

①冉志强. 浅谈对高中历史课程教学评价设计的研究[J]. 中华少年(研究青少年教育), 2012(11):451.

需要更广泛的学科理论基础。尽管建构主义学习环境设计强调学习者的自我控制,但是教师的作用仍然不可低估。设计者的任务主要是指导学生如何建构以及如何有效监控、评估和更新已经建构的东西;为学习者定位与设计经验,使之体验到真实的相关的情境。从此意义上讲,在历史教学设计中,历史课堂教学评价更应采取科学取向,即应该是处方式的,它明确告诉历史教师做什么和如何做。如此,可更明确地影响历史教师,促进教师教学设计能力的提升。

课程改革以来,历史教学评价有了新的发展,重视学生的形成性评价,评价的功能由侧重甄别转向侧重学生的发展,强调评价的真实性、情景性等。确立历史课堂教学评价的指导思想也发生了以下几个方面的转变:一是从强化应试转变为强化提高学生素质作为历史课堂教学的目标。历史课堂教学目标关系到历史教学是否有效的首要问题,也是一节历史课的方向和灵魂,它直接关系到历史教学内容的组织、教学行为的选择、历史教学形式的编排和历史教学评定的运用。二是从以历史教材为本转变为以学生发展为本。教师从事历史教学的依据不应该是历史教材有什么,而应该是学生需要什么。历史教材如果不适合学生的知识结构、心理特征和能力水平,也是不适用的。三是对学习结果的强调转变为对学习过程和结果都强调。这就要求教师在历史教学过程中坚持目标导向教学,以历史教学目标来管理或评定整个历史教学的每一段过程,不断注意学生的变化,并根据学生的反映随时调整自己的教学,反对那种只顾结果或一味追求分数的做法。四是从关注教师的"教"转变为关注学生的"学"。因此,即使从教师"可教"的操作性角度上看,历史课堂教学评价一方面关注教师如何实施教学,如教师的言语表述是否流畅、教师的板书设计是否合理、教师的情感投入是否具有感染力、教师的教学设计是否合理以及教师一节课的教学思路是否清晰等,另一方面,也要关注学生的"学",这主要包括学生在历史课堂教学中的学习表现、师生互动、自主学习以及同伴合作等,学生在学习过程中的参与热情、情感体验和探究以及如何思考的过程。通过了解学生在课堂教学中如何思考、如何交流、如何合作以及如何讨论等学生的行为表现,以此来评价历史课堂教学的效果。

第二节 高中历史课堂教学评价的类型

历史课堂教学评价按照不同的分类标准可以有不同的类型,如,按照收集评价信息的方法可以分为现场观察评价、监视监听评价、录像后评价和问卷评价;按照评价性质可分为诊断性评价、形成性评价与表现性评价;按照评价主体可以分为领导评价、同行评价、学生评价和教师自我评价等。以下就后二者略做分析。

一、依据评价性质的分类

(一)诊断性评价

诊断性评价又称为准备性评价,指的是在教学开始之前或教学进行之中对学生的学习准备情况或特殊困难进行的评价,是对教学活动的准备。它主要是对教育背景、存在的问题及其原因做出诊断,以便"对症下药",据此进行教学设计。诊断性评价的实施时间一般在课程学期学年开始或教学过程中需要的时候,内容主要有教学中可能面临的问题;学生知识储备的数量和质量;学生的性格特征、学习风格、能力倾向及对本学科的态度;学生对在校学习生活的态度、身体状况及家庭教育情况等。概括地说,诊断性评价的作用主要表现为三个方面:确定学生的学习准备情况,明确学生发展的起点水平,为教学活动提供设计依据;识别学生的发展差异,因材施教;诊断个别学生在发展上的特殊障碍,以作为采取补救措施的依据。这种诊断性评价类似于医生给病人看病,是针对学生在某一方面的学习内容或认知能力发展上的严重困难,运用某种特殊的评价手段而做的诊断,目的是找出造成严重困难的原因,进而采取相应的补救措施。所以,这种评价既可以在某种教育活动开始之前进行,也可以在教育活动过程之中进行,只要发现有特殊困难的学生,就应该有针对性地实施这种评价。例如,对存在明显交往障碍的孩子进行诊断,分析造成孩子交往障碍的原因,进而提出帮助孩子发展交往能力的措施。一般地说,教师对学生进行诊断性评价的手段主要有以前的相关成绩记录、摸底测验、智力测验态度和情感调查、观察、访谈等。

（二）形成性评价

形成性评价又称为过程性评价,是在课程研制、教学过程中,对课程编制、教师的教学和学生学习动态情况进行的系统性评价,目的是及时了解活动进程的结果,及时反馈信息,以便及时修正、调整和强化。形成性评价的主要目的不是为了选择少数优秀学生,而是为了发现每个学生的内在潜质,提高学生的学习能力,并为教师提供反馈。对于学生而言,形成性评价可以使他们获得成功的体验,进而强化他们的学习动力及学习结果。对于那些还没有掌握单元学习任务的学生来说,形成性评价有助于发现他们学习中存在的问题,有利于学习问题的解决。

（三）表现性评价

表现性评价是教师让学生在真实或模拟的生活学习情境中,运用先前所获得的知识解决某个新问题或创造某种东西,以考查学生知识与技能的掌握程度以及实践、问题解决、交流合作、批判思维等多种复杂能力的发展状况,它主要是通过客观测验以外的行动、表演、展示、操作、写作等更真实的表现来评价学生口头表达能力、文字表达能力、思维能力、创造能力、实践能力的评价方法。其基本特点:评价的情境问题具有开放性、真实性综合性;评价方案具有灵活性;评价主体具有多元性;评价结论以质性描述为主,辅之以必要的等级;评价具有持续性,鼓励学生通过合作解决问题。表现性评价较多适用于对历史实践能力和创新精神的评价,可运用于学生的社会调查、专题研究、作品创作等学习活动。[①]

二、依据评价主体的分类

（一）领导评价

领导评价主要是指领导班子而不是某一位领导或某几个领导的个人评定,这种评定影响较大,具有较大的权威性。上级教育行政部门或学校领导通过参与历史课堂听课加强和改善教学管理,它可以和教师同行、学生的评定互相参照补充。

（二）同行评价

同行评价是指由教研室或学校的其他教师对该教师的历史课堂教学

---

①丁继华. 浅谈对高中历史课程教学评价设计的研究[J]. 课程教育研究,2014(17):50-51.

进行评价。由于教师之间尤其是本学科教师之间相互比较了解,对课堂教学内容较为熟悉,因此,同行评价易于做出恰如其分的评价,同时也有利于教师之间的学习和交流。

(三)学生评价

学生评价主要是指学生参与课堂教学评价。学生是对教师教学的最直接感受者,他们应该是最有发言权的。学生评价可以反映出教师在学生中的威信、受欢迎程度以及师生关系,尤其可以反映出教师的教学能力、教学方法是否符合学生的特点和要求。当然,学生评价主要是从个人学习的角度出发来评定教学,学生缺乏对教学目标或意图、内容和方法上的总体了解,他们的学习方法、学习成绩甚至师生关系都会影响对教师的课堂教学评价。因此,学生评价应该与其他评价相对照。

(四)教师自我评价

教师自我评价是指教师对自我教学活动的评价。教师对自身教学活动进行评价是历史课堂教学评价的一个重要途径。自我评价一般采用自我分析或自我反思的方法。如拟定一份"自我反思单",以检查自己的教学情况。

第三节 高中历史课堂教学评价的基本要素和方法

课程改革的主阵地在课堂,课堂教学是教师传授知识和学生发展智力、培养能力的最佳途径。提高教学质量,课堂是关键。课堂教学是历史学习的主渠道,建立完善的课堂教学评价机制,既关注教师的"教",又关注学生的"学",实现促进学生发展和教师专业成长的双重目标,是确保中学新课程课堂教学改革顺利进行的保障。

一、历史课堂教学评价的基本要素

根据历史课程改革理念,历史课堂教学评价必须坚持以学生发展为本的教育理念,同时,也必须坚持以教师自身的专业发展为本。这就要求历史课堂教学评价需要关注教师、学生两方面的行为和变化。基于此,历史课堂教学评价的基本要素可从以下几个方面进行。

其一，教学目标。教学目标不仅是课堂教学活动的出发点和归宿，还是课堂教学评价的重要参照。在历史课堂教学中，要根据历史教学内容以及学生的历史知识水平，确定比较适宜的教学目标。教学目标的基本要求是要具备科学性、合理性和明确性以及可检测性。教学目标主要评价教师对一节课的历史教学是否体现历史课程目标的三个基本维度，即知识与能力、过程与方法、情感态度与价值观，能否体现历史课程对学生科学精神和人文精神的关怀。对学生而言，主要通过学生的课堂学习，评价学生的学习目标是否明确，是否具有合理性。

其二，教材处理。历史教材是根据历史课程标准编写的教学用书，它根据历史课程标准中的内容标准及要求，用文字的形式系统阐述，是历史课程标准的具体化。历史教材在历史课堂教学中具有重要作用，它不仅是学生学习历史的重要材料，也是教师从事历史教学工作的重要工具。教师要上好历史课，就必须钻研历史教材，真正吃透历史教材，精心组织历史教材，科学处理历史教材。在历史课堂教学中，教师不能把历史教材内容原封不动地搬到历史课堂上，而必须根据历史教学目标、学生的掌握知识情况以及其认知特点，对历史教材进行合理的调整与处理，重新组织、科学安排教学程序，选择合理的教学方法，使历史教材能够发挥最佳作用。

其三，教法选择。教学方法是为了完成一定的教学目标，师生双方在教学活动中采用的手段或策略。当前的历史新课程改革非常强调培养学生的创新精神和实践能力，培养学生积极主动地参与历史教学的意识，培养学生的自学能力。因此，教学方法的选择要做到的是，有利于学生学习积极性、主动性的调动和主体地位的落实，有利于学生良好学习习惯的形成和学习能力的培养，有利于学生个性特长的充分发挥，有利于学生创新能力和实践能力的培养，有利于学生的全面发展。

其四，学法指导。培养学生的学习方法是历史课堂教学的重要环节。对学生的学习方法进行指导具体包括：指导学生养成良好的历史学习习惯，指导学生学会拟定从事历史学习的学习计划，指导学生掌握历史学习的方法，指导学生掌握查阅历史工具书与查找历史参考资料的方法等。

其五，教学过程。这里主要评价教师在历史课堂教学中，各个环节安排是否合理、科学，结构是否紧凑，层次脉络是否清晰；同时，各种课堂教学要素的组合是否有一个最佳的结合点,是否能以学生的学习为中心,通过创设富有情趣的教学情境来组织学生参与学习活动。

其六,现代教育技术。在历史课堂教学中运用现代教育技术特别是多媒体课件,是历史教学发展的趋势。在历史课堂教学中,教师对现代教育技术如果能够熟练操作,运用适当,效果良好,就应该给予充分的肯定。现代教育技术尤其是历史多媒体教学是历史课堂教学评价的重要方面。当然,这里的教育技术运用必须恰如其分,而不是喧宾夺主华而不实。

其七,师生互动。从某种角度讲,历史课堂教学是一种互动过程。教师能否充分调动学生的积极性,在发挥教师主导作用的同时突出学生的主体地位,反映了历史课堂教学中师生的配合默契程度。师生之间的相互合作程度对提高历史课堂教学质量和达成历史教学目标,具有十分重要的作用。该要素被纳入历史课堂教学的评价体系中,主要评价教师能否充分调动学生的学习积极性,能否合理组织管理以提供给学生更多的参与机会与培养学生主动参与的意识、主动学习和主动探究的精神。

其八,教师教学态度。教师教学态度反映了教师的敬业精神,反映了教师的职业道德水平,是教师素质的一个重要方面,也是体现历史课堂教学质量的重要参照。教师教学态度主要包括教师参与教学的激情、教师的教学准备、教师对学生的态度等方面内容。

二、历史课堂教学评价的主要方法——课堂听课

所谓听课,是一般教师或评价者凭借眼、耳、手等自身感官及相关的辅助工具,直接从课堂教学情境中获得相关的信息资料,从感性到理性的一种教学评价方法。

(一)听课前的准备

其一,明确听课的目的和要求。无论何种类型的听课,听课前都应该确定具体的目的和要求。听课者必须明确这些目的和要求,否则就不可能得到有效、真实的听课信息。课堂听课是历史课堂教学评价的主要方法,应该有制度、有规范、有明确的目的要求和具体的操作计划。[①]

其二,熟悉历史课程标准和历史教材。历史课程标准是历史教学评价的基础,是进行历史课堂教学评价的主要依据。新课程历史教材是历史课

---

① 单冬旺. 试论高中历史教学设计的有效性[J]. 中学教学参考,2010(30):56-57.

堂教学内容的载体,是开展历史教学的基本教学材料。熟悉历史课程标准和历史教材是听课前的基本要求。

其三,设计听课记录。听课记录是课堂教学听课的必要准备,不同的课型可能有不同的听课需求,听课的侧重点也有所不同。但常规的听课记录一般由听课记录本和听课评价两个方面组成。

(二)听课的进行和反馈

其一,认真听课,做到听、看、记、思有机结合。听课不仅是复杂的脑力劳动,而且是一种方法和技能:一是听什么? 怎样听? 主要应该听的方面是:教师是否体现新课程的理念、方法和要求;是否突出重点,详略得当;语言是否流畅,表达是否清楚;是否有知识性错误;是否有创新的地方;教师的思维是否宽泛,学生的发言是否准确。二是看什么? 怎样看? 主要应该看的地方是:教师主导作用的发挥,如教态是否亲切自然,板书是否规范合理,教具运用是否熟练,指导学生学习是否得法,处理课堂偶发问题是否灵活巧妙等;学生主体作用的发挥,如课堂气氛是否活跃,学生是否参与教学过程等。三是记什么? 怎样记? 原则上听课记录应该包括两个方面:教学实录和教学点评。四是思考什么? 怎样思考? 主要应该思考的是:教师为什么要这样处理教材,换个角度行不行、好不好;对教师成功的地方和不足或出现错误的地方,要思考原因并预测对学生所产生的影响;如果是自己来上这节课,应该怎样上,进行换位思考;如果我是学生,我是否能够掌握和理解课堂教学内容;新课程的理念、方法、要求到底如何体现在日常教学中,并内化为教师自觉的教学行为;这节课是否反映了教师正常的教学实际水平,如果没有听课者,教师是否也会这样上,等等。总之,应该根据听课目的和要求,有所侧重地把听、看、记、思有机结合起来。在教师和学生发言时,就要以听为主,兼顾观察;教师在板书和学生在练习时,就应该以看为主,兼顾其他;学生在练习时,应该以思考为主。

其二,积极参与评课,反馈要实事求是,以鼓励为主。课后评课与反馈直接关系着听课的成效。课堂听课后,评价者要积极参与评课,对教师的自评、学生的反馈以及其他听课教师的评价都应该认真记录。教师的自评能够提高教师的自我意识,提高教师的教学反思能力。为了使教师的自评有较为明确的目的性,可以在课后讨论时拟定提纲。提纲的内容可以突出以下几方面:本节课是否达成课堂教学目标? 课前的教学设计与实际的教学情况有何差别？本节课的优点和特色有哪些？本节课存在的问题有哪些？以后如何改进？学生的反馈对一节课的评价至关重要，搜集学生的反馈信息既可以通过与学生座谈，了解他们所掌握的教学内容情况以及他们对教师教学情况的意见，也可以通过课后调查问卷的方式，直接让学生参与课堂教学的评价。其他听课教师尤其是作为评价者，对课堂教学评价的参与非常重要。评价者在听课结束后要反馈及时，如果需要集体讨论后才能给予反馈，或者采用其他方式，也必须要及时抓住时机。同时，评价者在听课后要尽可能与被听者进行交流，评价者的态度要虚心诚恳、热情主动。针对不同的对象要采取不同的语气和方式，例如，对经验不足的青年教师，不要把存在的问题讲得太多，应该有重点地指出存在的突出问题，以建议的形式提出，并且尽可能地挖掘青年教师的闪光点，让他们多一些成功的体验；对有经验的教师要实事求是地指出其讲课中存在的问题和需要改进的地方，提出更新更高的要求，使他们意识到还有需要改进的地方和提高的空间，促使教师专业能力不断提高。

第四节 高中历史课堂教学评价的设计

基于上述分析，历史课堂教学评价的设计至少涉及教学目标、教学内容、教学流程、教学方法、教学实施效果、教学反思等方面。[1]

历史教学目标评价的设计：①是否清晰具体；②是否能针对具体学情；③是否能聚焦内容标准要求。

历史教学内容评价的设计：①是否体现学科教育价值；②教材内容处理是否合理；③是否与教学目标相契合。

历史教学流程评价的设计：①是否基于并超越教材的知识逻辑；②是否适合学生的认知逻辑；③是否能建构学生的历史逻辑。

历史教学方法评价的设计：①是否能基于特定教学目标；②是否与特定教学内容相契合；③是否能体现特定教学方法的特点。

历史教学实施效果评价的设计：①活动节奏是否恰当；②师生互动是

---

①基础教育教学研究课题组. 高中历史教学指导[M]. 北京：高等教育出版社，2015.

否有效;③过程生成是否有质量。

历史教学反思评价的设计:①自我评价是否恰当;②问题反思是否清晰;③教学改进是否有针对性与可行性。

第五节 高中历史教学反思概述

对教学反思的理解是以对"反思"的理解为基础。美国教育学者约翰·杜威认为,反思是思维的一种形式,是个体在头脑中对问题反复、严肃、执着的沉思。反思可以将含糊的、可疑的、矛盾的、某种失调的情境转变为清楚的、有条理的、安定的以及和谐的情境。反思指向于自己所经历的特定思想、心理感受及行为的体验与思考。教学反思是教师以自己的教、学活动过程为思考对象,通过回顾、诊断、体验与反省等方式,对自己的教学观念、教学经验、教学行为等进行批判性思考的过程。通过对教学经验的肯定强化或否定修正,旨在提升教师自身的教学能力。①

更进一步地,倘若将反思作为人的一种生存方式,反思应是"不断探究他自身的存在物——一个在他存在的每时每刻都必须查问和审视他的生存状况的存在物。人类生活的真正价值,恰恰就存在于这种审视中,存在于对这种人类生活的批判态度中"。反思者把他们自己的命运和整个事件进程的结果富有同情地、戏剧性地看作一件事。对教师而言,教学反思则成了具有主观能动性的教师的教学生活的一部分,是教师对自己专业生活赋予意义的追求与过程,也是教师自主进行专业提升与发展的重要方式。

在历史教学设计中,历史教学反思旨在提升教学设计者的设计与执行能力,是对历史教学设计所涉及诸要素的深入考察与思考。历史教学反思体现为课前反思与课后反思。课前反思通常是在历史教案设计中的教学反思,主要思考如何结合历史课程标准、历史教材特点及学生实际情况,反思教学立意与目标的确立是否合理、对历史教材内容的理解与设计是否得当教学逻辑与方法的选择是否适切等,它是历史教学设计的一种自觉行动。课后反思主要是对整个历史教学过程的教与学的反思。每节课后,教

---

① 和仕亮. 浅谈基于核心素养培养的高中历史教学反思[J]. 东西南北:教育,2021(7):350.

师要利用一定时间对历史课堂教学过程进行"复盘",通过总结思考教与学的得失,客观地评价历史课堂教学目标是否完成、课堂中学生的困惑是否得到解决、教学过程是否得到有效实施、需要有哪些弥补措施与改进方式等。课后反思旨在改进教师的课堂教学,也可使教师的教学经验更加趋于成熟与理性。

第六节 高中历史教学反思的类型

教学反思是教师进行的自觉性思维活动,具有能动性、自检性与实践性等特点。在教学设计中,根据历史教学反思在不同维度上所呈现的不同内容与特征,可划分为不同的类型。

从发生的时间维度看,历史教学反思可分为历史课堂教学前的反思与历史课堂教学后的反思。历史课堂教学前的反思是指在课堂教学设计中,教师对自己的教学观念、史学观念、历史教学过程以及所采取的教学方法等要素设计的反思,并对可能出现的教学状况做出预测与评估。历史课堂教学后的反思是指教师完成历史教学后,对历史教学过程进行分析并提出改进意见。在日常教学中,教师所做的反思通常就是历史课堂教学后的反思。在教学设计或说课比赛过程中,所涉及的教学反思,常常是历史课堂教学前的反思。

从指向的行为主体维度看,历史教学反思可分为亲历性反思和观察性反思。亲历性反思是教师对自身执教的教学过程的审视与分析。在教学设计中,历史课堂教学后的反思就是此类亲历性反思。亲历性反思在一定程度上讲是教师自身通过"试误"而获得的专业性反思。观察性反思是教师通过观察别人的教学案例、课堂片段或教学实录等而获得的关于他人教学行为的体验与反思。此类反思有利于吸取他人教学的经验或教训。备课设计中的教学反思有些是借鉴他人教学经验的观察性反思。[1]

从指向的对象维度看,历史教学反思可分为历史课堂中的教师行动之反思和教学之反思。前者是对历史教学活动的反思,后者是对历史教学反

---

[1] 张金波. 高中历史教学反思[J]. 散文选刊:中旬刊,2018(6):79.

思自身的反思。吉登斯认为,在阐述反思性时,应当包括对反思的反思。教学不是预设方案的简单执行与重复,而是教师利用个人的教学创造性去解决教学中的种种教学事件。教师不仅要对自己的教学活动进行检视,还要对自己的教学体验进行再反省。

从反思的方法上,历史教学反思又可划分为:①陈述性反思。即教师从旁观者的角度,全景式地回顾课堂教学中的教学行为与学生反应,对其中的合理性与有效性进行分析与呈现,判断与评述其中的某些要素设计是否合理。②对比式反思。即教师通过观察其他教师的课堂设计,将自己的教学行为和过程设计与其他教师的教学行为和过程设计做对比,发现不足,吸取经验,以引起自己的思考。③讨论式反思。即教师借助于讨论、交流形成自己的教学反思。④复盘式反思。即教师通过对课堂教学的复盘式模拟,分析教学得失,并在此基础上对本课教学进行重新设计。

教育学者麦伦曾对教学反思的层次和要素进行了分析,他指出教学反思有三个层次:第一层次,主要针对课堂情境中各种技能与技术的有效性;第二层次,主要针对课堂实践的假说和教学的结果;第三层次,主要针对道德和伦理以及其他直接的或间接的与课堂教学有关的规范性标准。就历史教学设计而言,教学反思主要侧重于第一、第二层次,尤其侧重于课堂教学的各要素设计与实施结果。具体而言,历史教学设计中的教学反思,首先,对本课教学设计所采用的教学理念、史学观念、教学立意与目标进行反思。其次,还要对教材的理解与处理、教学重难点的理解与把握、教学逻辑与方法的选择与运用、课堂教学效果、课堂教学态度教学基本功、教学方法、教师素质等进行反思。再次,也要反思学生在历史课堂中的学习态度、学习方式学习能力创新意识、思想认识、学习价值观、学习兴趣学习动机、自学能力等,在知识与能力、过程与方法、情感态度与价值观等方面的发展情况,尤其要聚焦于本课落实历史核心素养的实际状况。对一节课的设计来讲,教学设计既要从整节课的宏观角度反思此节课的立意与价值,也要从微观层面反思具体课堂实施的细节性设计,具体地还可再细分为"对课堂整体状况的反思""对学生学习状况的反思""对教学内容方式、技能技巧的反思""对教师自身教学状况的反思"等方面。

第七节 高中历史教学反思的维度

教师是否进行和怎样进行教学反思取决于其专业身份的定位及学术视野。就目前对教学反思内容的研究来说,存在不同的内容维度及角度。

有学者曾将教学反思的内容划分为以下五个指向:指向一——课堂教学指向:思考的内容主要分析、评价教学活动本身的利与弊以及影响教学活动的因素,包括教学内容重点、难点的分析,教学方法、教学策略、教学技巧的运用等。指向二——学生发展指向:分析、考虑与学生发展、能力培养相关的一些因素。分为三个方面:其一是关注学生的学习成绩和各种能力的培养;其二是关注学生学习兴趣以及学习方法的培养;其三是关注学生健全心理和人格的发展。指向三——教师发展指向:分析、考虑与教师自身发展、素质提高相关的一些因素。具体包括三个方面:一是关注教师自身的专业知识和专业能力;二是关注教师的人格魅力与自我形象;三是关注教师的待遇。指向四——教育改革指向:关注考试制度的改革以及当今进行的课程改革,关注宏观教育体制的改革以及教育改革的实效性。指向五——人际关系指向:关注教师如何与学生形成和谐的人际关系以及如何与学生家长相处,共同教育、培养好学生,也包括关注同事之间的和平相处。针对教学技巧维度与教学理论维度,有学者认为,技术维度的反思是对课堂情境中各种技能与技术的反思,包括常规技能的反思和临床应急技巧的反思。常规技能的反思重点在语言表达是否合适、教学方法与手段运用是否合理上。对教学理念维度的反思是教师对自己的教学理念进行反思,比较自己在教学中"所采用的理论"与专家"所倡导的理论",促进教学理念的自我更新。"所采用的理论"是指每个教师自己特有的关于教学的观念和规则,这些观念和规则多数是存在于教师对教学的"内隐理念"之中。而"内隐理念"是源于教师个人的经验或教师广为接受的假定、规则。也有学者认为,从关涉的人的角度看,需要反思教师与学生的关系、教师当前的自我与过去的自我的关系、教师本人与其他教师的关系、教师与家长的关系等;从关涉的教学要素的角度看,需要思考教师与教学目标、课程内容、教学方法、教学评价等的关系;从关涉的教学支持系统的角度看,需要思考教师与社会文化、课程与教学改革、时代精神与教学理念等的关系;等等。①

以上所描述的教学反思内容较为宽泛。对历史课堂而言,教学设计中的教学反思主要聚焦于以下内容维度。

教学立意与目标维度:本节课的教学立意是否聚焦;是否能贯通本课内容所涉及的史实;是否能达成课程标准所规定的内容要求;所列的课堂教学目标是否与课程标准的内容要求有内在的一致性。

教学内容维度:教师对教学内容的理解是否准确;是否准确地把握教学重难点;能否较恰当地理解与处理教材内容;能否合理地开发与利用教学资源,包括运用史料、设计历史故事等。

教学逻辑与方法维度:教学逻辑与结构是否合理;是否为学生搭建合理支架;能否体现学生认知结构;课程导入是否恰当;教学层次与结构安排是否合理(体现于教学时间分配、教学内容密度安排、教学过程的条理性、课堂小结等)。

课堂环境创设维度:教师是否创设情境,活跃教学气氛;是否优化教学环境,启迪学生思维;教师能否采取措施,促进学生积极参与课堂教学。

学生参与程度与效度:课堂教学是否体现了学生自主学习与合作学习;学生独立思考的机会是否存在;学习效率是否得到有效保障。

在历史教学设计中,教师要聚焦历史课堂,自主、理性地捕捉课堂中能够引起反思的事件或现象,从上述维度系统地检查与加工,形成更为合理的设计方案。在教学设计中,教师要形成涉及观念与操作的"问题链",即"反思性教学的观念,存在于'我为什么要反思—我什么时候反思—我反思什么—我怎样做就算是反思了'这个问题链中。"反思性教学的操作存在于"'我做了什么—我的做有效吗—我的做自身合理吗—我还能怎样做'这个问题链中"。教学设计要追求教师教学行动的有效性和合理性。比如,教学目标要适当、合理,既不过于艰难或过于轻易,也不要使教学目标偏离课程标准与教学立意,教学目标要充分考虑学生的特点、教学内容的潜力及教学方法的功能。只要教师从上述维度及时反思教学,及时发现与解决问题,其教学行为就会不断趋于有效与理性。

①孙艳.高中历史教学反思[J].文理导航 教育研究与实践,2019(6):108.

参考文献

[1]刘宗丽.高中历史教学方法研究与实践[M].沈阳:白山出版社,2016.

[2]李亚娜.学科核心素养目标视域下的高中历史教学设计研究[D].桂林:广西师范大学,2021.

[3]李红.现行高中历史教学现状分析与对策[J].科教文汇,2015(8):113-114.

[4]孟秋婉.高中历史教学中的学情分析研究[D].大连:辽宁师范大学,2019.

[5]阮亚芬.于细微处见精神在审视中品历史——浅谈细节在中学历史教学中的运用[J].教学月刊:中学版(教学参考),2010(8):30-32.

[6]冉志强.浅谈对高中历史课程教学评价设计的研究[J].中华少年(研究青少年教育),2012(11):451.

[7]史桂荣.高中历史教学设计与效果优化[M].长春:吉林出版集团股份有限公司,2020.

[8]王芳.历史教学设计与案例研究[M].长春:吉林人民出版社,2019.

[9]王修乐.高中历史教学方法与策略研究[M].北京:团结出版社,2020.

[10]汪小兰.高中历史教学细节运用研究[D].武汉:华中师范大学,2015.

[11]于萍.高中历史课堂教学立意的研究[D].桂林:广西师范大学,2016.

[12]周小花.核心素养下的高中历史课堂教学立意实践研究[D].扬州：扬州大学,2021.

[13]张莉.高中历史课堂教学目标设计应注意的问题[J].试题与研究：教学论坛,2014(22):28.

[14]张宏.高中历史数学目标设计研究——以人教版《鸦片战争》一课为例[D].武汉：华中师范大学,2015.

[15]郑志平.近年来高中历史教学现状的调查研究[D].开封：河南大学,2012.

[16]张星星.高中历史教学中学情分析的现状和方法[J].高考,2019(5):61.